近畿圏版⑨ 使いやすい！教えやすい！家庭学習に最適の問題集！

大阪教育大学附属
平野小学校

2022年度版

過去問題集

<問題集の効果的な使い方>

①お子さまの学習を始める前に、まずは保護者の方が「入試問題」の傾向や難しさを確認・把握します。その際、すべての「学習のポイント」にも目を通しましょう。
②入試に必要なさまざまな分野学習を先に行い、基礎学力を養ってください。
③学力の定着が窺えたら「過去問題」にチャレンジ！
④お子さまの得意・苦手が分かったら、さらに分野学習をすすめレベルアップを図りましょう！

必ずおさえたい問題集

大阪教育大学附属平野小学校

お話の記憶	1話5分の読み聞かせお話集①②
常識	Ｊｒ・ウォッチャー 56「マナーとルール」
常識	Ｊｒ・ウォッチャー 12「日常生活」、34「季節」
巧緻性	Ｊｒ・ウォッチャー 51「運筆①」、52「運筆②」
行動観察	Ｊｒ・ウォッチャー 29「行動観察」

2018～2021年度
過去問題を
掲載
＋
各問題に
アドバイス付!!

●資料提供●

くま教育センター

ISBN978-4-7761-5386-3

C6037 ¥2000E

9784776153863

定価 2,200 円

（本体 2,000 円＋税 10％）

1926037020004

日本学習図書 ニチガク

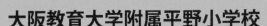

家庭学習をトータルサポート！ ニチガクのオリジナル 効果的 学習法

1 まずは アドバイスページを読む！

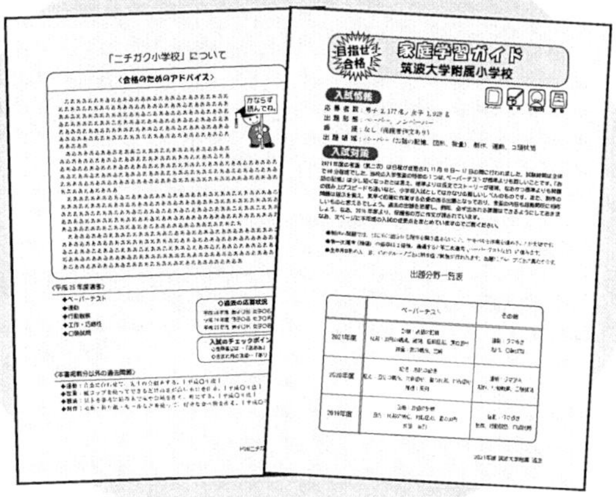

「ニチガク小学校」について
合格のためのアドバイス
家庭学習ガイド
筑波大学附属小学校
入試情報
入試対策
出題分野一覧表

ピンク色です

過去問のこだわり

最新問題は問題ページ、イラストページ、解答・解説ページが独立しており、お子さまにすぐに取り掛かっていただける作りになっています。
ニチガクの学校別問題集ならではの、学習法を含めたアドバイスを利用して効率のよい家庭学習を進めてください。

対策や試験ポイントがぎっしりつまった「家庭学習ガイド」。分野アイコンで、試験の傾向をおさえよう！

2 問題をすべて読み、出題傾向を把握する

3 「学習のポイント」で学校側の観点や問題の解説を熟読

4 はじめて過去問題にチャレンジ！

5 プラスα 対策問題集や類題で力を付ける

各問題のジャンル

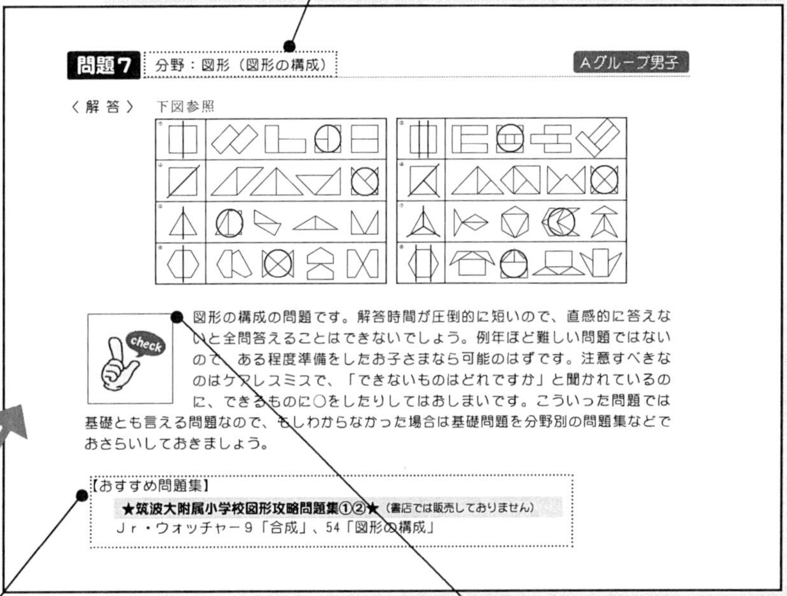

問題7 分野：図形（図形の構成） Aグループ男子
〈解答〉 下図参照
check
図形の構成の問題です。解答時間が圧倒的に短いので、直感的に答えないと全問答えることはできないでしょう。例年ほど難しい問題ではないので、ある程度準備をしたお子さまなら可能のはずです。注意すべきなのはケアレスミスで、「できないものはどれですか」と聞かれているのに、できるものに○をしたりしてはおしまいです。こういった問題では基礎とも言える問題なので、もしわからなかった場合は基礎問題を分野別の問題集などでおさらいしておきましょう。
【おすすめ問題集】
★筑波大附属小学校図形攻略問題集①②★（書店では販売しておりません）
Jr・ウォッチャー9「合成」、54「図形の構成」

学習のポイント

各問題の解説や学校の観点、指導のポイントなどを教えます。
今日から保護者の方が家庭学習の先生に！

おすすめ対策問題集

分野ごとに対策問題集をご紹介。苦手分野の克服に最適です！
＊専用注文書付き。

2022年度版 大阪教育大学附属
平野小学校 過去問題集

発行日 2021年10月29日
発行所 〒162-0821 東京都新宿区津久戸町 3-11-9F
日本学習図書株式会社
電 話 03-5261-8951 ㈹

問題３０

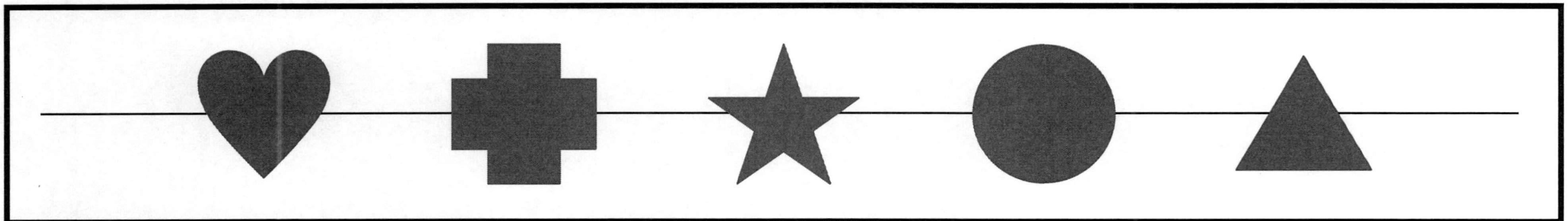

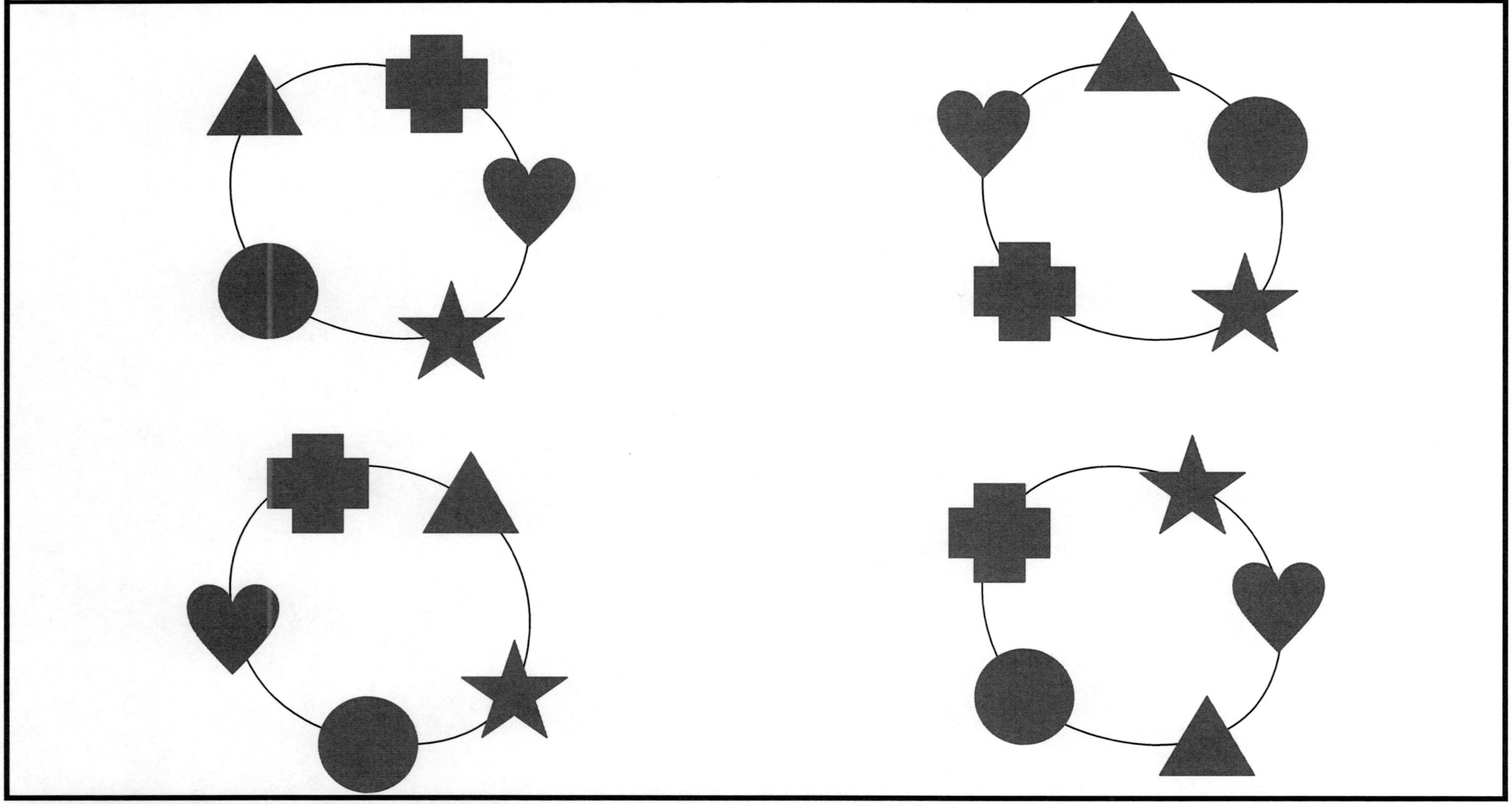

問題29

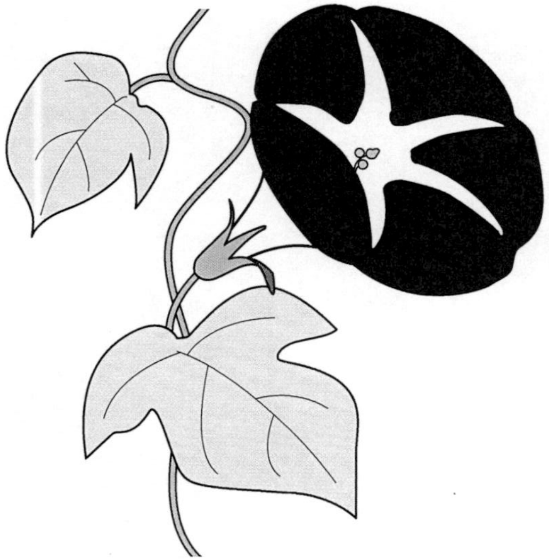

問題２８

問題２７

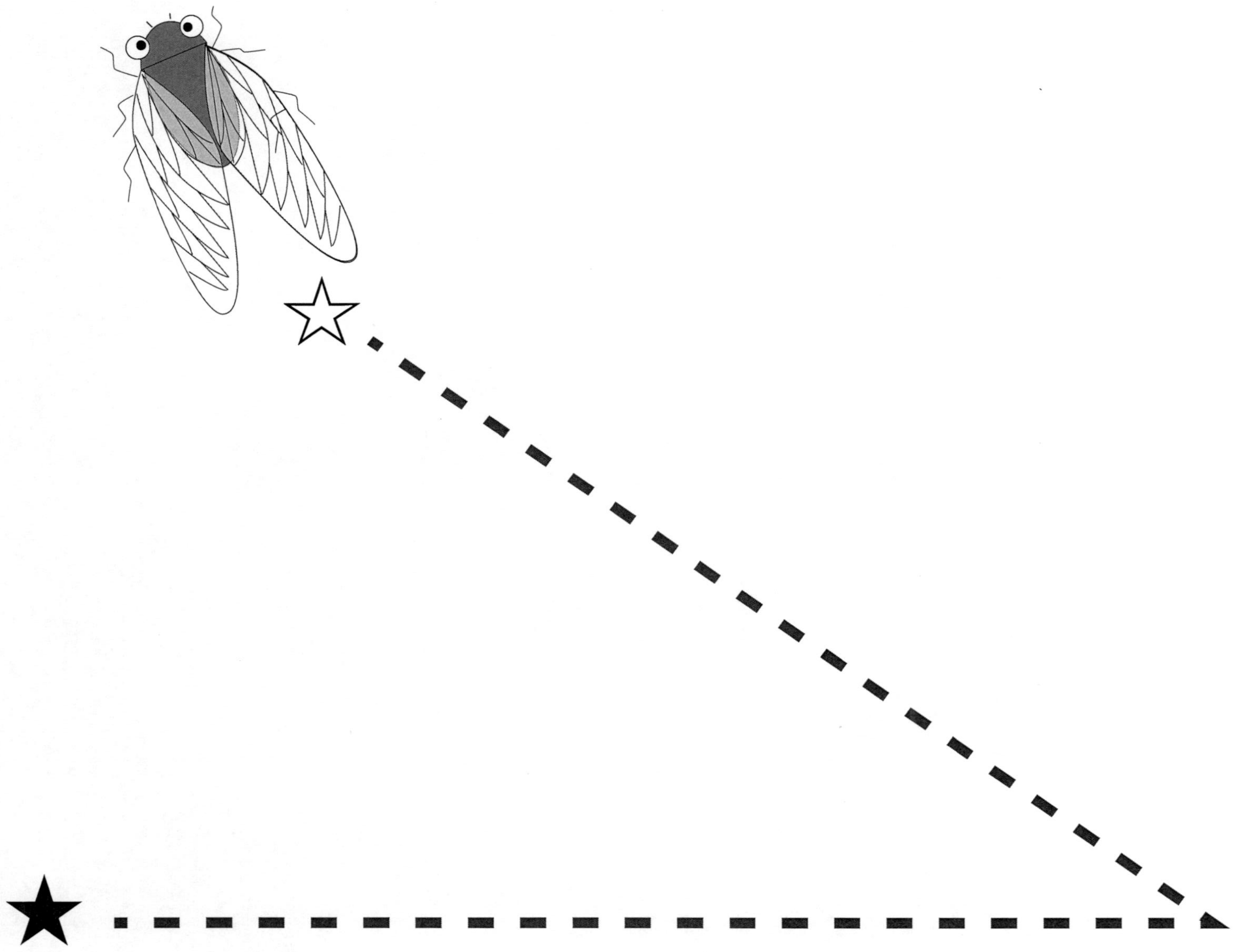

問題２６

問題25－2

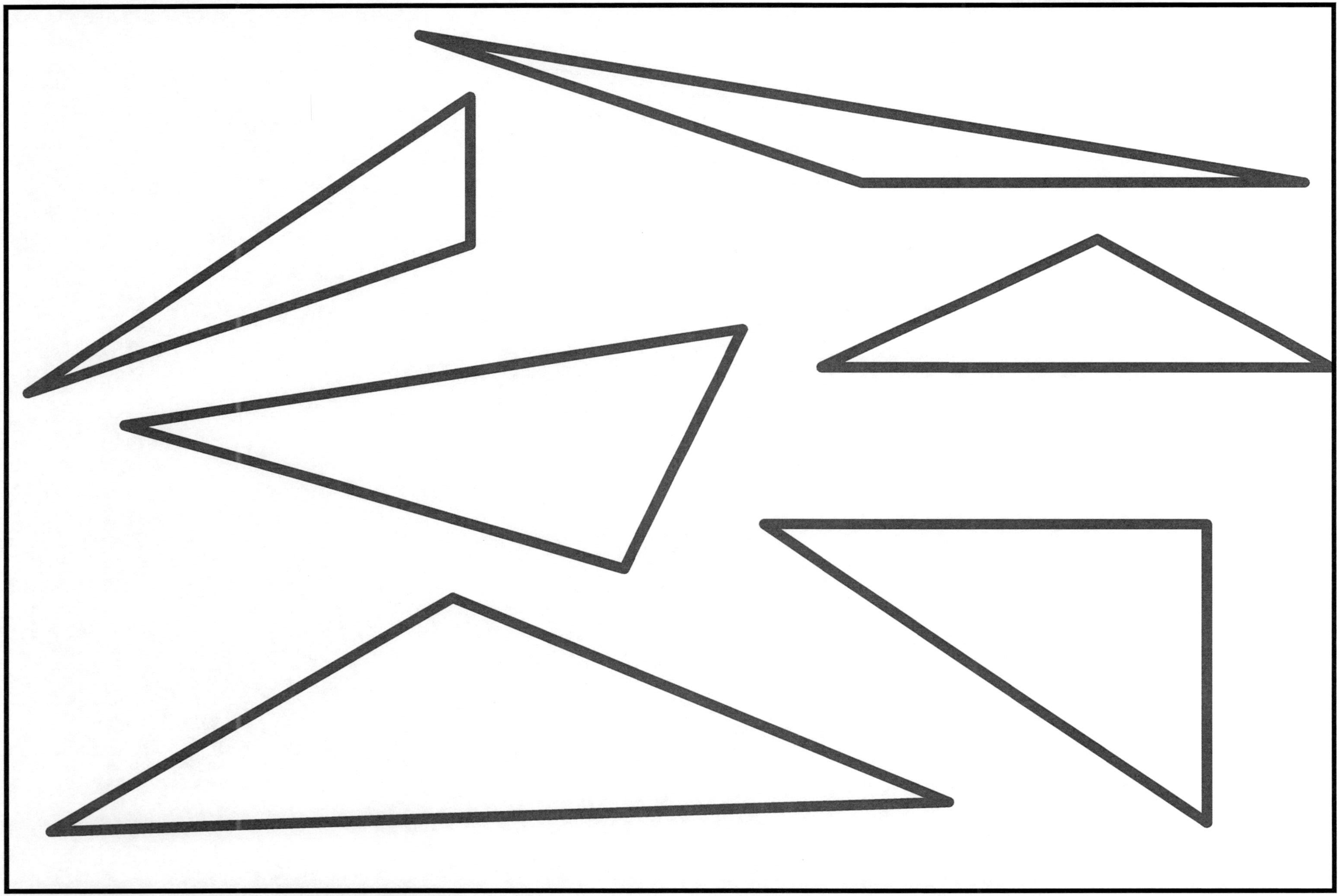

問題２５－１

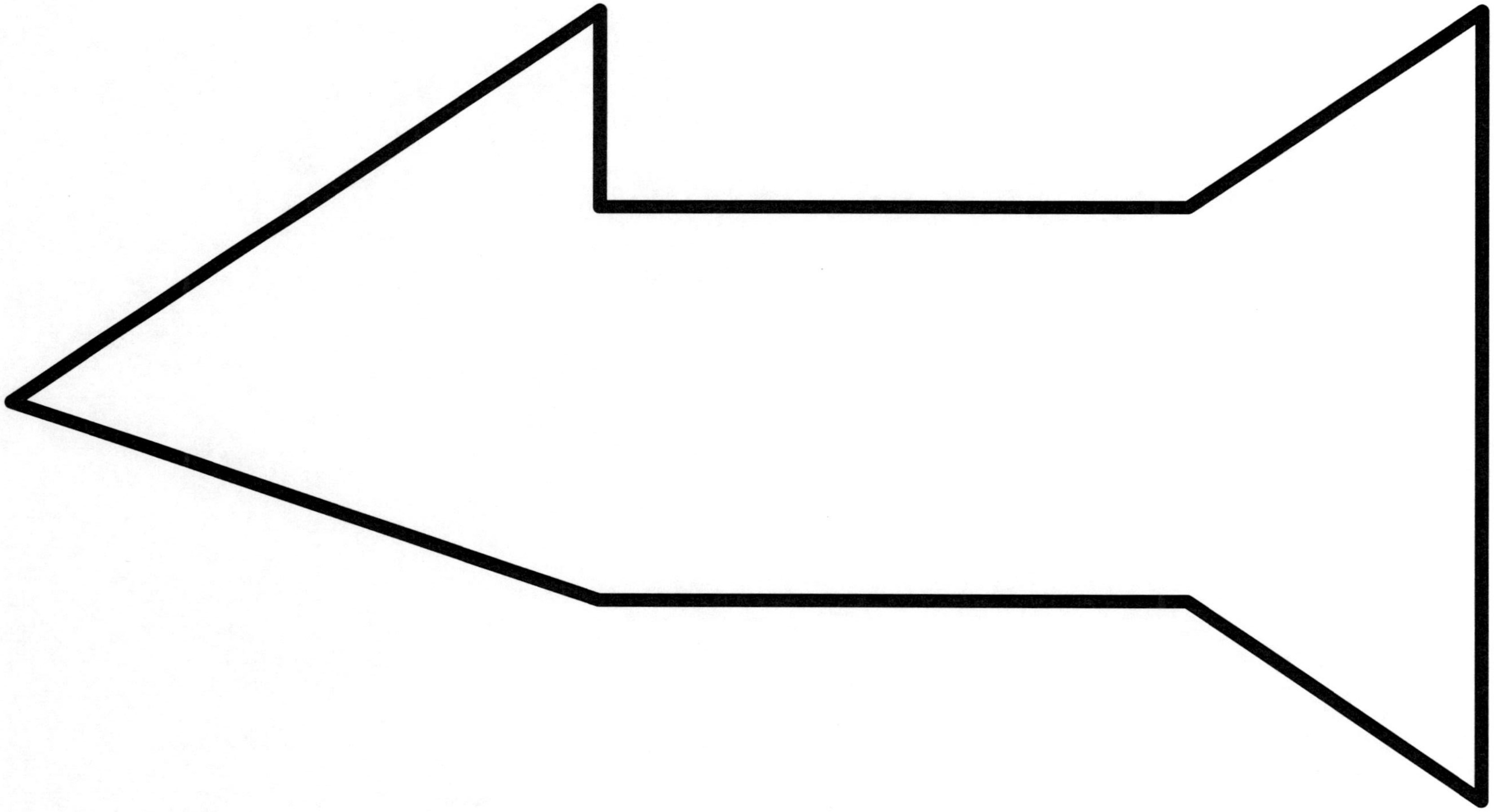

　

問題24－2

△

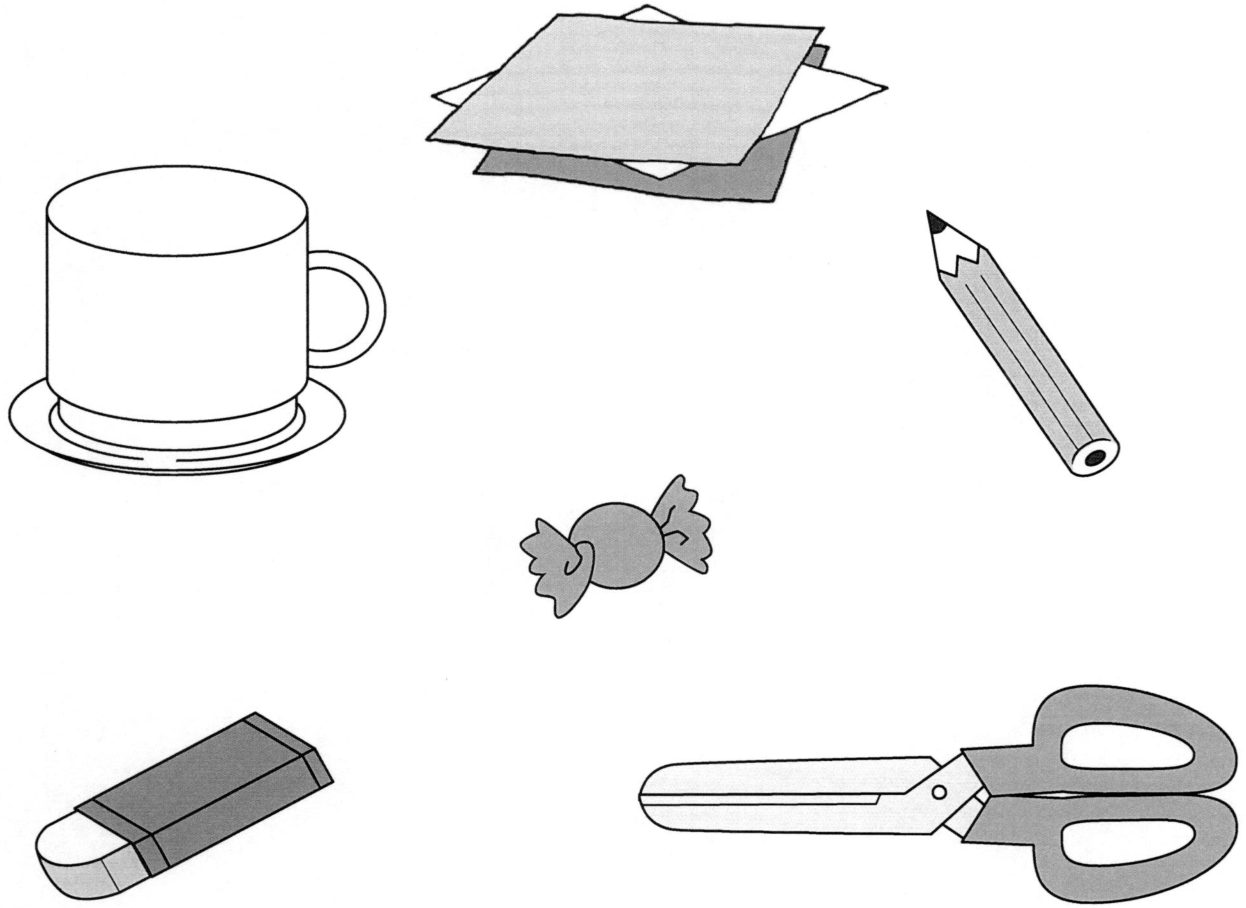

問題24－1

問題23

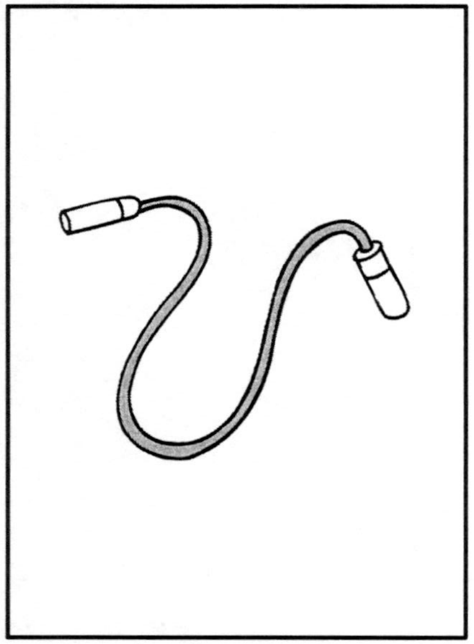

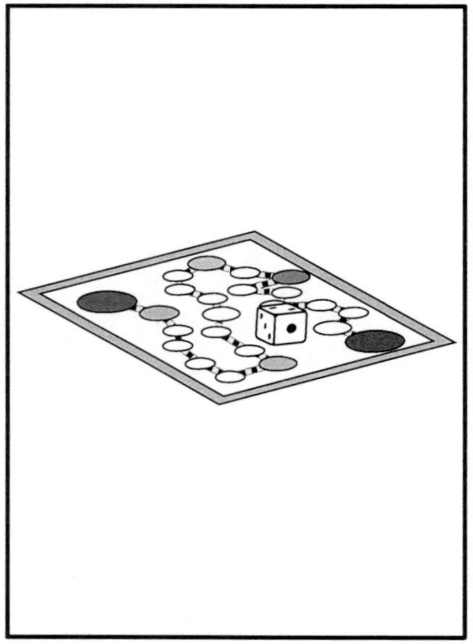

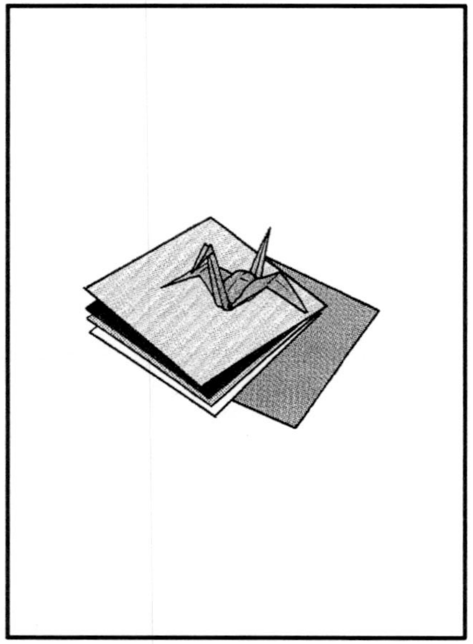

　

問題２２

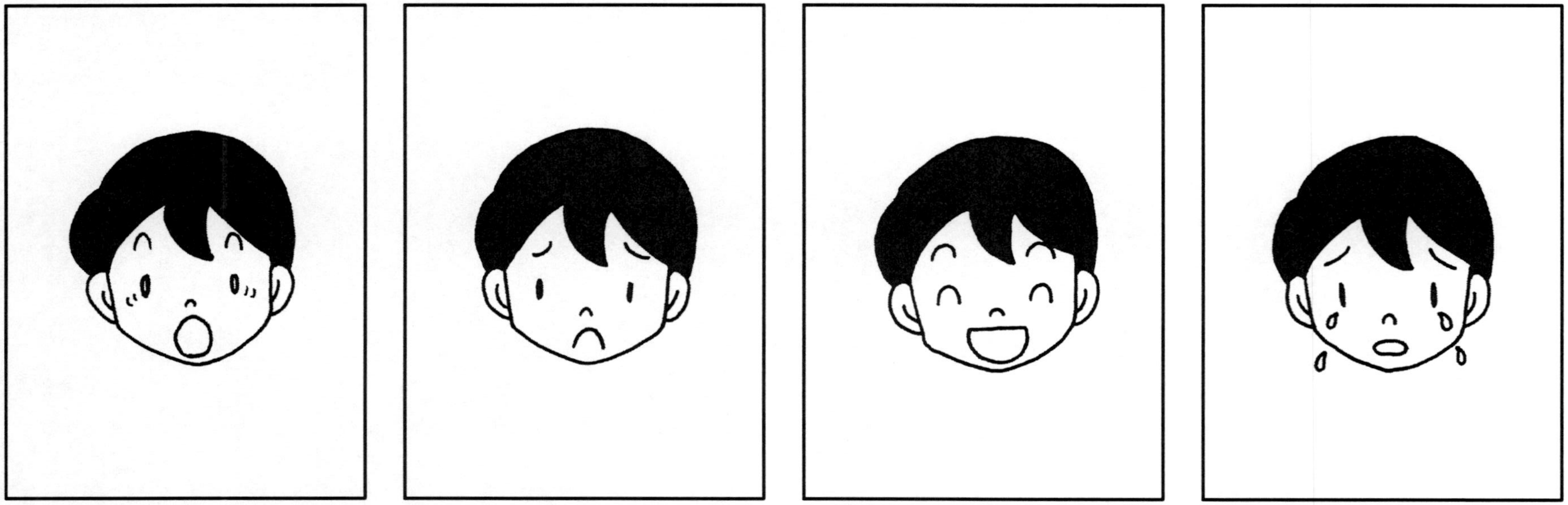

問題２１

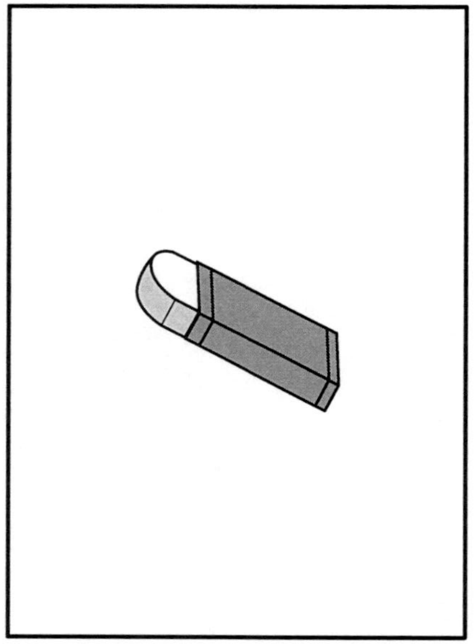

問題１９－２

2022年度 附属平野小学校 過去 無断複製/転載を禁ずる

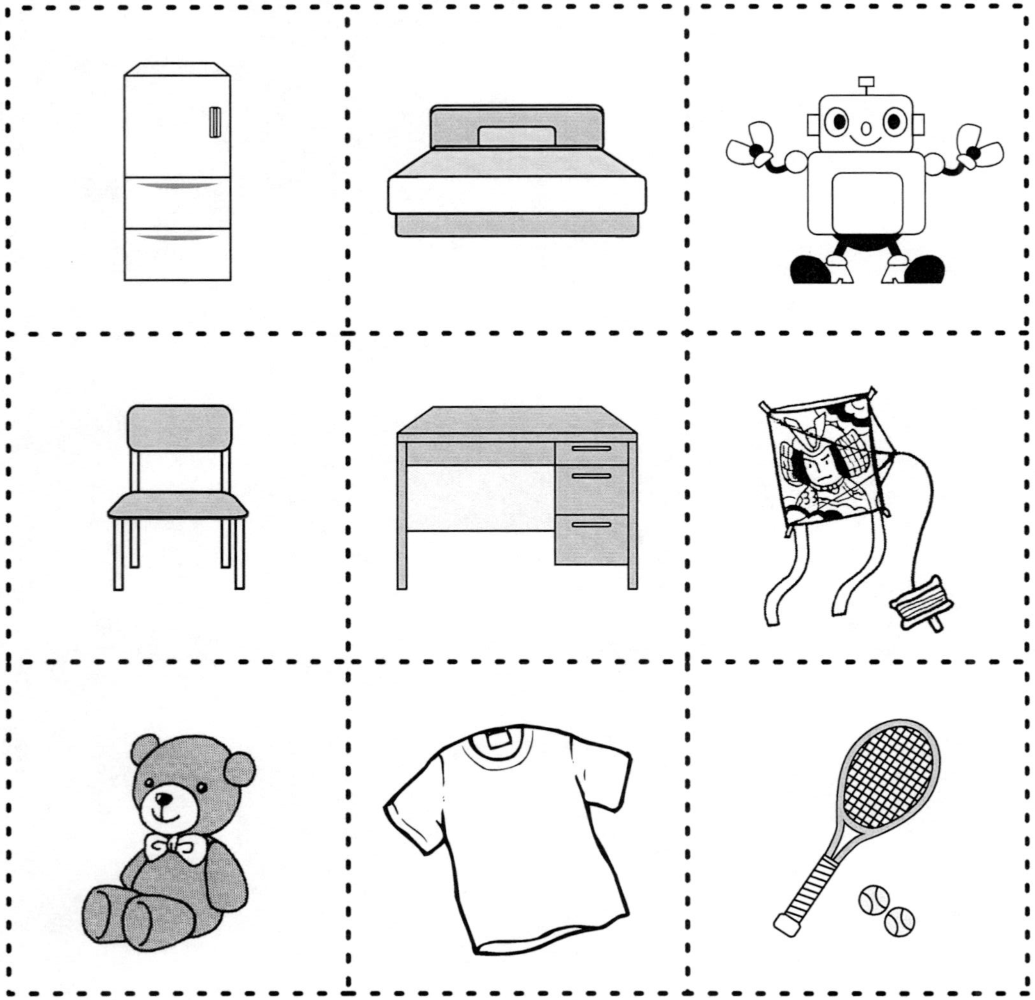

問題17

問題１６

問題15－2

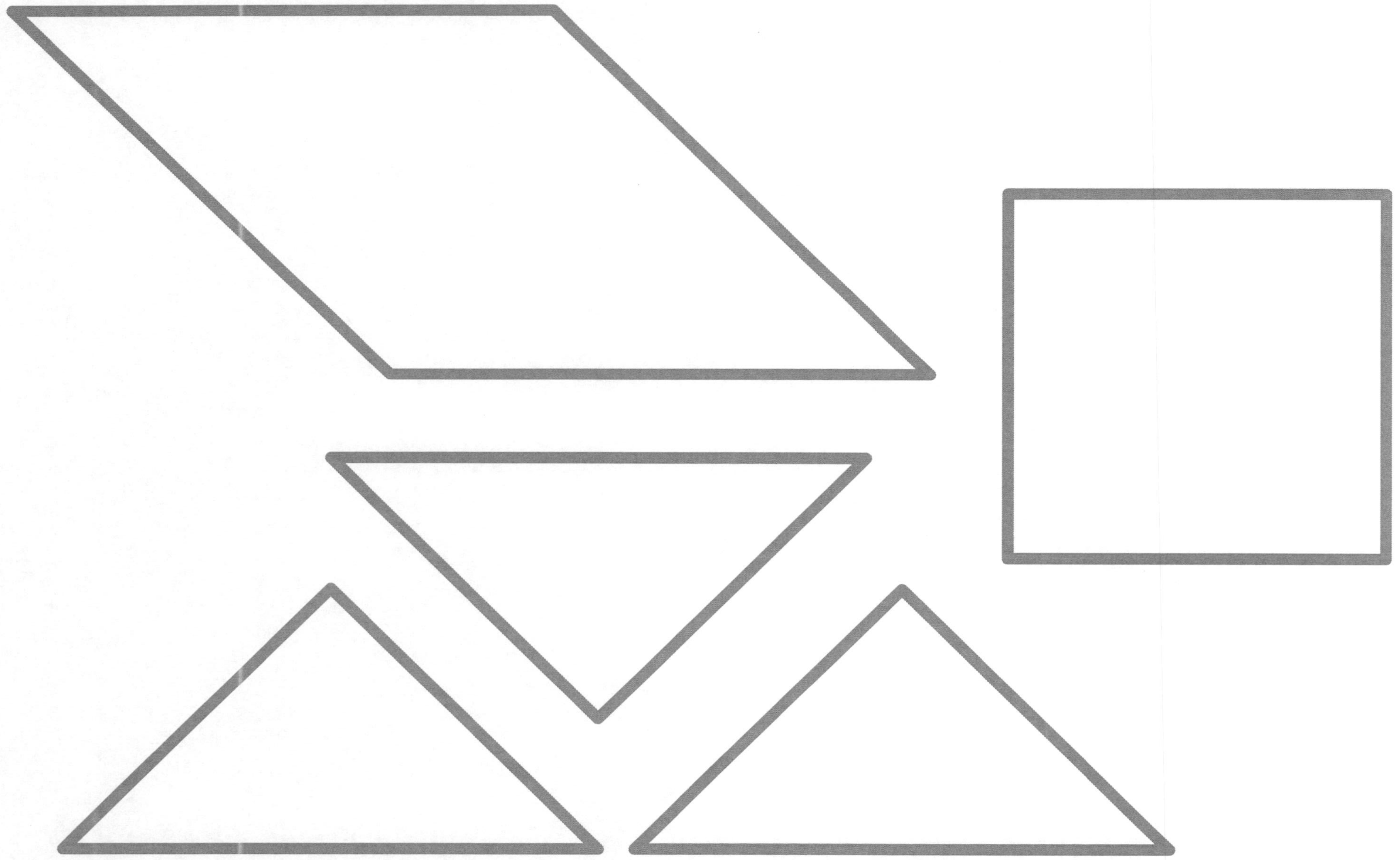

2022 年度 附属平野小学校 過去　無断複製／転載を禁ずる　日本学習図書株式会社

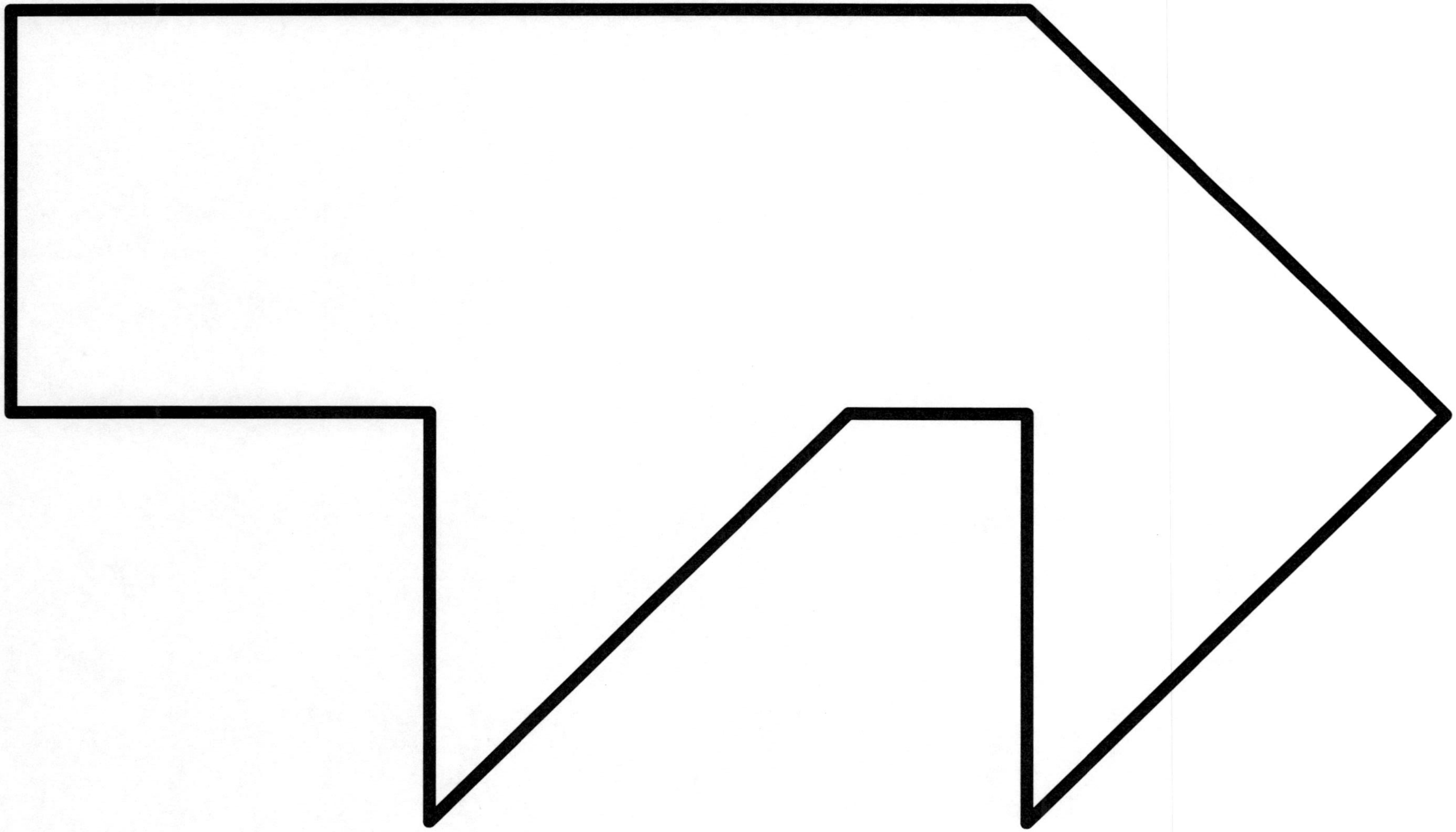

問題１４－２

問題１４－１

問題13

日本学習図書株式会社

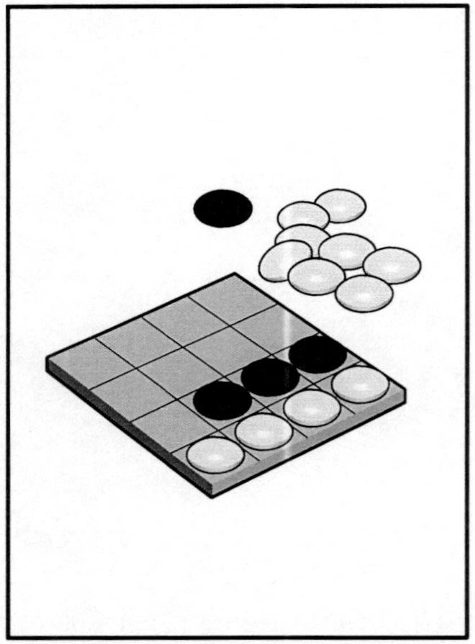

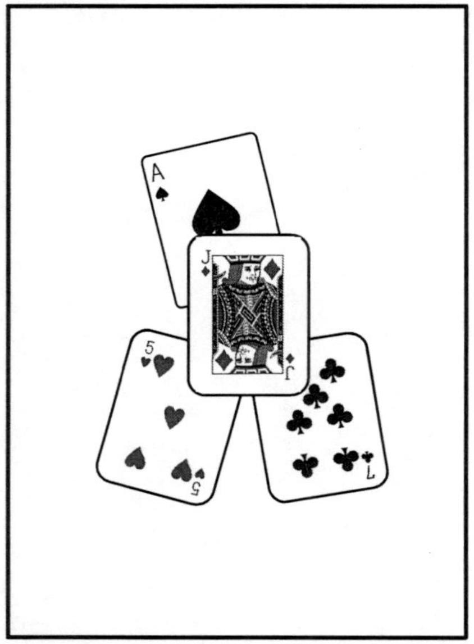

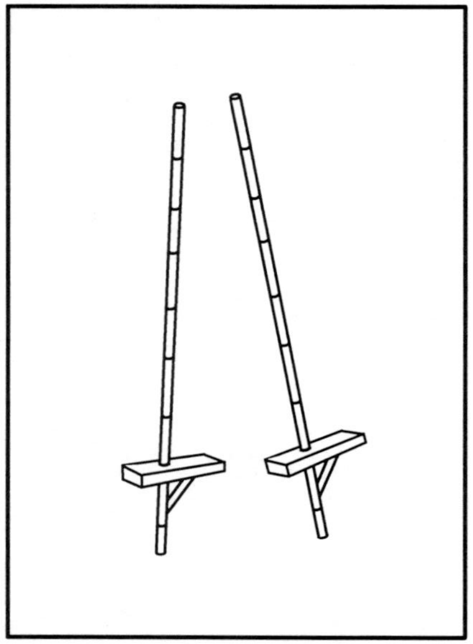

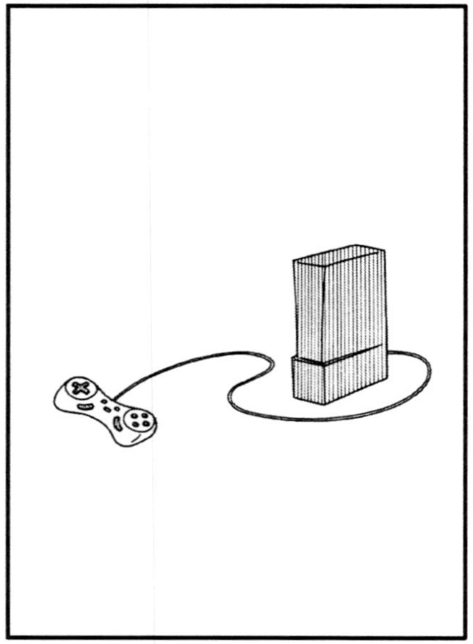

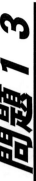

2022年度 附属平野小学校 過去 無断複製／転載を禁ずる 日本学習図書株式会社

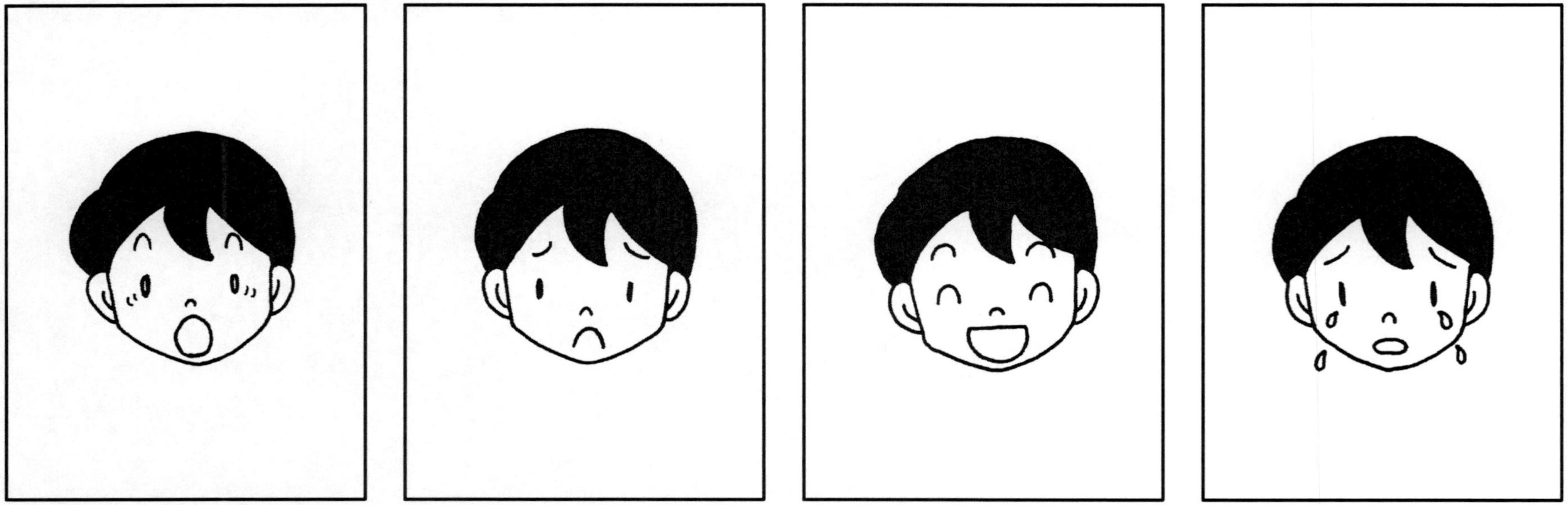

問題11

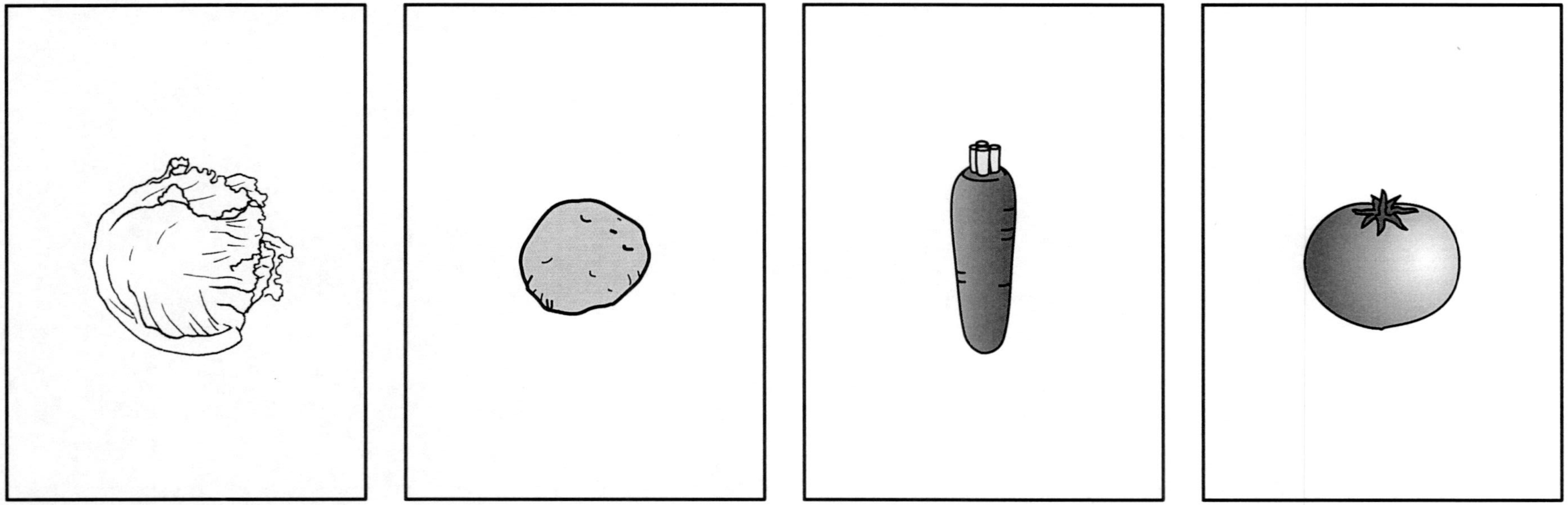

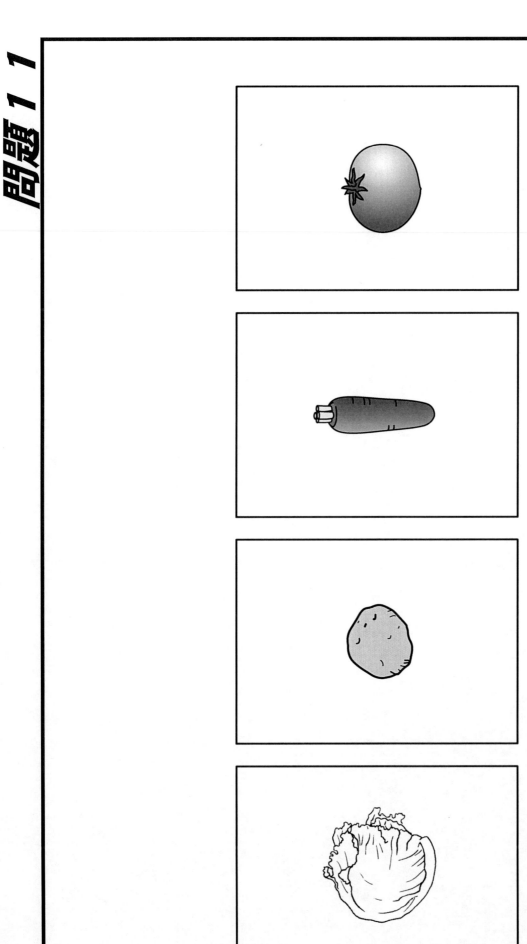

学習のポイント

季節の植物を問う常識問題です。四季の区別ができているか、それぞれの季節の代表的な植物を知っているかなど、年齢相応の知識が備わっているかが観られています。常識問題では、生活常識やマナー、昔話や童謡などから出題される場合もありますが、当校入試ではここ数年続けて、季節に関連した問題が出題されています。しかし、最近では季節の行事が行われなかったり、食べものも旬を気にせず１年中手に入れられるため、季節を感じにくくなっており、季節のものに触れるのは難しいかもしれません。そのような場合には、図鑑やインターネットなどのメディアも活用し、知識を増やしていくとよいでしょう。また、保護者の方の手間は増えますが、こうした季節に関する知識を整理して記憶するために、季節ごとの植物・行事・食べものなどをまとめた表を作ったり、カードを作って季節ごとに集めたりといった学習を行ないましょう。

【おすすめ問題集】

Ｊｒ・ウォッチャー11「いろいろな仲間」、12「日常生活」、27「理科」、55「理科②」

問題30　分野：推理（系列）

〈準備〉　サインペン（赤）

〈問題〉　みんなと公園に来て、楽しく遊びました。しばらく遊んでいると、先生がみんなを集めて「おやつにしましょう」と言いました。花子さんは、前の日にお母さんといっしょにスーパーで買った、クッキーの箱を開けました。箱の中には丸や三角など、さまざまな形のクッキーが入っていました。

上の段を見てください。さまざまな形のクッキーが、ひもでつながっています。そのひもの端と端を結んだものを選んで、○をつけましょう。

〈時間〉　１分

〈解答〉　右上

［2018年度出題］

学習のポイント

本問は、お手本と同じ順番に並べられたものを見つける、系列問題の一種と考えることができます。円形に並んだ選択肢の中から、直線に並べられた見本と同じ並びのものを見つけるという観察力と、どのようにすれば同じ並びのものを見つけられるかという方法を考える思考力が観られています。考え方としては、見本の方を端から見て記号の順番を覚え、選択肢の記号を１つひとつ確認していけば解答することができます。この時、円になっている図形は右回り、左回りの両方の方向から確認するのが基本です。考える基準となる記号を１つ決めてしまい、その隣に来るもの、隣の隣に来るものを考えながら絵を確認していきましょう。こうした問題が苦手なお子さまには、「ハート、十字、星…」といったように言葉にしながら、指先を記号の上に置いて確認していくように指導しましょう。練習を重ねるほどに、確認にかかる時間は短くなっていきます。

【おすすめ問題集】

Ｊｒ・ウォッチャー６「系列」、31「推理思考」

学習のポイント

本問では、場面転換がない短めのお話が読み上げられます。とはいえ、お話を静かに最後まで聞けるかどうか、内容を理解し、覚えているかどうかといった点が観点になっていると思われます。当校入試の、以降に出題されるほかの分野の問題でも「聞く力」は重要になります。読み上げられる問題を理解できるだけの「聞く力」を、身に付けておかなければなりません。お話の中に、「ケーキ、ではなくウインナー、ではなく卵焼き」というまぎらわしい表現が出てきますが、お話を聞きながら場面をイメージできていれば、最終的にメニューが卵焼きになったことが理解できると思います。イメージしながら聞き取ると、「誰が」「何を」「どうした」などの基本的な情報や、「色」「数」「種類」「順番」などを理解しやすくなるので、多少ひねった問題にも落ち着いて解答できるようになります。当校入試の聞き取りの問題では、ストーリーの流れに直接関係ない情報（上記の「色」「数」「種類」「順番」など）から質問されることもありますので、そのような点にも注意して聞き取る練習も行なっておきましょう。

【おすすめ問題集】

Ｊｒ・ウォッチャー19「お話の記憶」、１話５分の読み聞かせお話集①②

問題29　分野：常識（季節）

〈準備〉　サインペン（赤）

〈問題〉　遠足の日になりました。家を出る前に、お母さんが「今夜はお月見をするから、帰ったら準備を手伝ってね」と言いました。花子さんは「はい」と元気よく返事をして家を出ました。公園に向かう途中、花壇にはきれいなコスモスが咲いていました。そして、木の下にはたくさんのドングリが落ちていました。ほかの木の下にも、何かがたくさん落ちているようです。花子さんは何だろうと思い、よく見てみました。

木の下に落ちていたものに○をつけましょう。

〈時間〉　15秒

〈解答〉　右上（モミジ）

［2018年度出題］

家庭学習のコツ④　効果的な学習方法～お子さまの今の実力を知る

１年分の問題を解き終えた後、「家庭学習ガイド」に掲載されているレーダーチャートを参考に、目標への到達度をはかってみましょう。また、あわせてお子さまの得意・不得意の見きわめも行ってください。苦手な分野の対策にあたっては、お子さまに無理をさせず、理解度に合わせて学習するとよいでしょう。

学習のポイント

小学校入試での運筆の課題では主に、筆記用具が正しく使えているかをチェックしていると考えてください。おかしな持ち方をしていると滑らかに線が引けないので、引いた線を見ればどのような持ち方をしているか想像できるそうです。当校ではサインペンを使うので、途中で止めてしまうと、線が太くなるのでさらに目立ちます。小学校受験では文字・数字については書けなくてよい、ということになっていますが、線を引く、○△などの簡単な記号については書けなければなりません。お子さまでも、日常生活では何か書くという機会は確実に減っている時代ですが、筆記用具を使うことは脳の発達促すという説もあるようで、小学校入試から筆記用具がなくなるということは、しばらくはないでしょう。間違った方法で慣れてしまうと矯正するのが大変ですから、この段階で筆記用具の正しい使い方をお子さまに教えておきましょう。

【おすすめ問題集】

Ｊｒ・ウォッチャー51「運筆①」、52「運筆②」

問題28　分野：お話の記憶

〈準備〉　サインペン（赤）

〈問題〉　明日は、花子さんがとても楽しみにしていた遠足の日です。みんなで山の上の公園に行くことになっています。お母さんが「お弁当のおかずには、何が食べたい」と聞きました。花子さんはケーキが食べたいと思いましたが、ケーキはごはんにあわないと思って、エビフライとタコのウインナーをお願いすると、お母さんが困った顔をして「ごめんね、ウインナーはないから、卵焼きでいい」と言いました。花子さんは卵焼きも大好きだったので、うれしくなって「うん、いいよ」と言いました。

花子さんの、遠足のお弁当に入っていたものに○をつけてください。

〈時間〉　15秒

〈解答〉　右上（エビフライ）、左下（卵焼き）

[2018年度出題]

学習のポイント

例年出題される「巧緻性」の課題です。筆記用具で線を「なぞる」、枠内を「塗る」、ハサミを使って「切る」といった作業を組み合わせて出題されます。いずれも、それほど難しいことを要求されるわけではありません。解答時間も余裕を持って設定されているようですから、何度か同様の作業をしておけば充分対応できるでしょう。なお、前にも書きましたが、優れた作品を作るお子さまを選ぶという趣旨の問題ではないので、「出来上がり」に関してはそれほど気を使う必要はありません。問題になるとすれば、手順を含めた指示を理解していないこと、指示されたこと以外の常識的な行動ができていない場合です。制作では「後片付け」、行動観察では「待機中の態度・行動」といったところでしょうか。こういったことができていないと、家庭で教育ができていないと評価されるのです。

【おすすめ問題集】

実践 ゆびさきトレーニング①②③

Ｊｒ・ウォッチャー23「切る・貼る・塗る」、25「生活巧緻性」

問題27　分野：巧緻性（線なぞり）

〈準 備〉　サインペン（赤）

〈問 題〉　太郎くんは手紙にセミの絵を描きました。

・セミが飛んだ点線を☆から★までなぞってください。

〈時 間〉　１分

〈解 答〉　省略

［2019年度出題］

家庭学習のコツ③　効果的な学習方法～問題集を通読する

過去問題集を始めるにあたり、いきなり問題に取り組んではいませんか？　それでは本書を有効活用しているとは言えません。まず、保護者の方が、すべてを一通り読み、当校の傾向、ポイント、問題のアドバイスを頭に入れてください。そうすることにより、保護者の方の指導力がアップします。また、日常生活のさまざまなことから、保護者の方自身が「作問」することができるようになっていきます。

学習のポイント

小学校受験では、図形を頭の中で思い浮かべ、それを反転させたり、回転させられるようになれば、たいていの問題は解けるようになります。その前段階として図形の性質を学ぶために、この問題のような図形を使った遊具（パズル、パターンブロック、タングラム、積み木、折り紙など）は、大変優れています。理屈抜きで図形や立体の性質を学べるというのですから利用しない手はないでしょう。当校でここ数年出題されている図形問題はすべて基礎的なものですが、図形に対する知識・感覚は小学校に入ってからもっと必要になります。この問題の対策としてということではなく、就学前の準備の１つとしてこうした遊具を使った学習をおすすめします。なお、この問題自体は特に対策の必要のないものですが、解答時間は標準よりも短く、試行錯誤をしている暇はありません。完成図を予想してから図形を並べるようにしてください。

【おすすめ問題集】

Ｊｒ・ウォッチャー３「パズル」、９「合成」、45「図形分割」、
54「図形の構成」

問題26　分野：巧緻性（塗る、切る）

〈準備〉　クレヨン（オレンジ）、ハサミ

〈問題〉　パズルをした後、太郎くんはプレゼントのお礼にお友だちへ手紙を書くことにしました。手紙はハートの形をした紙に書き、それをブタの形をした封筒に入れました。

（問題26の絵を渡して）
・上の段にあるハートの形を、オレンジのクレヨンで塗ってください。

・下の段に描いてあるブタを、太い線で切り抜いてください。

〈時間〉　５分

〈解答〉　省略

［2019年度出題］

学習のポイント

２つの絵を見比べて、違いを発見する問題です。２枚の絵を並べて比較するので、描かれているものを記憶する必要はありません。必要なのは絵を「よく見る」ことです。「よく見る」と言っても、瞬きもせず凝視しろと言っているわけではありません。何となく眺めるのではなく、観察するということです。具体的には、①俯瞰して全体を見る（だいたい何がいくつあるということと、それぞれの位置関係を把握する）、②それぞれのものの特徴を把握する。③１つひとつのものを２枚の絵で比較する。という手順で２枚の絵の違いを探すということになります。当校の入試問題にはあまりない、慣れていた方が有利になる問題と言えますから、観察力が必要になる問題、「見る記憶」や「同図形探し」といったものをいくつか解いておきましょう。

【おすすめ問題集】
　Ｊｒ・ウォッチャー４「同図形探し」

問題25　分野：図形（パズル）

〈準備〉　あらかじめ問題25-２の絵を線に沿って切り分けておく。

〈問題〉　夕方になり、お母さんが「そろそろ帰りましょう」と太郎くんに言いました。それを見ていたお友だちが、プレゼントのお返しにパズルをくれました。太郎くんは家に帰って、さっそくそのパズルを並べ始めました。

（問題25-２を切り分けたものと25-１の絵を渡す）
・描かれている形にぴったり収まるように、形を組み合わせてください。

〈時間〉　１分

〈解答例〉　下図参照

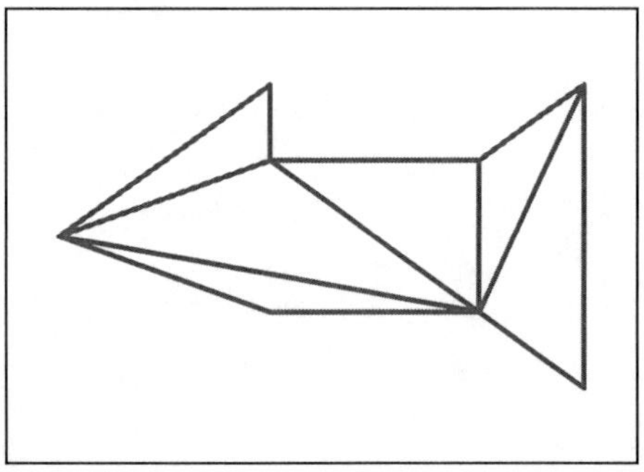

［2019年度出題］

家庭学習のコツ②　**「家庭学習ガイド」はママの味方！**

問題演習を始める前に、試験の概要をまとめた「家庭学習ガイド（本書カラーページに掲載）」を読みましょう。「家庭学習ガイド」には、応募者数や試験科目の詳細のほか、学習を進める上で重要な情報が掲載されています。それらの情報で入試の傾向をつかみ、学習の方針を立ててから、対策学習を始めてください。

問題23　分野：常識（マナー・ルール）

〈準備〉　赤鉛筆

〈問題〉　お誕生日会の後、太郎くんとお友だちは部屋の中で遊ぶことになりました。

・部屋の中でしてはいけない遊びはどれですか。選んで○をつけてください。

〈時間〉　20秒

〈解答〉　左から２番目（なわとび）

［2019年度出題］

学習のポイント

この問題は部屋の中でということですが、公共の場所でのふるまい、安全に関する知識を問う「常識」問題は当校入試における頻出問題です。特に当校のような（遠方の）国立・私立小学校へ通うようになると、道路を歩くのも公共交通機関を利用するのも子どもだけでということになります。お子さま自身やお友だちの身を危険にさらさないためにも、安全に関する知識は必須です。こうしたことは、机上の学習で教え込むのではなく、ふだんの生活のなかでその都度、教えるようにしてください。その際も、「ああしなさい」「こうしなさい」「あれはダメ」「これもダメ」と一方的に伝えるだけでは、なかなか身に付きません。マナーを守らなければならない理由や、そうしなかった場合に予想されることも含めて教えてください。まずは保護者の方自身がマナーやルールを守る姿をお子さまに見せましょう。

【おすすめ問題集】

Ｊｒ・ウォッチャー12「日常生活」、56「マナーとルール」

問題24　分野：図形（間違い探し）

〈準備〉　赤鉛筆

〈問題〉　お部屋で遊んだ後、お友だちがもらったもので絵を描くというので、お友だちの部屋に行きました。すると、お友だちの机の上にあるものが、前に来た時と違っていました。

・（問題24-１、24-２の絵を渡して）
◆マークの付いた紙には、前に行った時に机の上にあったものが描かれています。△マークの紙には、いま机の上にあるものが描かれています。それぞれを見比べて、増えているものを△マークの紙の中から見つけて、○をつけてください。

〈時間〉　１分

〈解答〉　折り紙

［2019年度出題］

問題22　分野：常識

〈準備〉　赤鉛筆

〈問題〉　お母さんといっしょにお友だちの家に行った太郎くんは、「お誕生日おめでとう」と言ってお友だちにプレゼントを渡しました。

・太郎くんはどのような顔をしてプレゼントを渡したと思いますか。選んで○をつけてください。

〈時間〉　20秒

〈解答〉　右から２番目（笑った顔）

［2019年度出題］

学習のポイント

登場人物の気持ちを読み取る問題ですが、前問のお話にもヒントになりそうな説明はありません。ここでは「プレゼントを渡す時はどのような顔をするか、に答える問題」という意味で、常識分野の問題としています。年齢なりの感情・情操の成長があれば答えられるでしょう。逆に言えば、この問題で答えを迷うようであれば、コミュニケーション能力が年齢なりのものではない、ということになります。小学校入試、特に国立小学校の入試は優れた才能・資質を見出すためのものではなく、知識・思考・コミュニケーション能力が年齢相応ではない児童を入学させないためのものです。お子さまにコミュニケーション能力がたりない、と感じている保護者の方は、机に向かっての学習と同時に生活体験を積むことをおすすめします。生活体験といっても何も特別なことではなく、行ったことのない場所に出かける、家事の手伝いさせるといったことで構いません。家族以外の人とのコミュニケーションを取る機会を増やしてください。

【おすすめ問題集】

Ｊｒ・ウォッチャー12「日常生活」

家庭学習のコツ①　「先輩ママのアドバイス」を読みましょう！

本書冒頭の「先輩ママのアドバイス」には、実際に試験を経験された方の貴重なお話が掲載されています。対策学習への取り組み方だけでなく、試験場の雰囲気や会場での過ごし方、お子さまの健康管理、家庭学習の方法など、さまざまなことがらについてのアドバイスもあります。先輩ママの体験談、アドバイスに学び、ステップアップを図りましょう！

問題21　分野：お話の記憶

〈準 備〉　赤鉛筆

〈問 題〉　太郎くんはお友だちの誕生日にプレゼントをあげようと思いました。太郎くんはサッカーボールをあげようと思っていたのですが、太郎くんのお母さんは「サッカーボールは喜ばないと思うよ。トナカイのぬいぐるみにしなさいよ」と言ったので考え込んでしまいました。しばらく悩んでいた太郎くんでしたが、そのお友だちがお絵かきを好きなことをはっと思い出し、消しゴムをあげようと考えました。そのことをお母さんに言うと、「もう消しゴムは持っていると思うよ。それよりはよく使う鉛筆をあげたら」と答えました。結局、たろうくんはお友だちにお母さんが言ったものをプレゼントしました。

・太郎くんがプレゼントしたものに○をつけてください。

〈時 間〉　20秒

〈解 答〉　左から２番目（鉛筆）

［2019年度出題］

学習のポイント

当校の入試は１つのお話の中で、「記憶」「図形」「常識」「制作（巧緻性）」など、さまざまな分野の問題が連続して出題されるということは、ほかの問題のアドバイスで触れましたが、学校からすれば、入試全体に流れがあった方が志願者が答えやすいだろう、という配慮でしょう。例年題材に使われるのは短いお話ですから、聞けば内容は自然と頭に入ります。特に対策は必要はないでしょう。しかし、この問題をはじめとして当校の入試は基礎問題が連続しますから、自然と平均点は高くなり、取りこぼしができない試験にもなっています。問題が簡単だからと言って油断することなく、まず、「指示をきちんと理解する」こと、次に「正確に答える」という２つのステップを「解答時間内に」行えるよう、本書や類題を取り扱った問題集などを利用して学習を進めてください。

【おすすめ問題集】
　１話５分の読み聞かせお話集①・②、お話の記憶 初級編・中級編、
　Ｊｒ・ウォッチャー19「お話の記憶」

問題20　分野：保護者面接

〈準 備〉　サインペン（赤）

〈問 題〉　**この問題の絵はありません。**

保護者・志願者が揃って面接会場に入室する。
志願者に名前などの質問があった後、志願者は後ろの机に移動する。

①通学の安全指導のため、保護者に年４～５回通学路に立っていただきます。協力は可能ですか。
②交通ルール、公共マナーについて、家庭でどのような指導をしていますか。
③附属中学校へは、希望者全員が進学できるとは限りませんが、その点は理解した上での志願ですか。
④私立中学校進学のための授業・指導は行なっていませんが、そのことは理解した上での志願ですか。
⑤当校の教育目標についての感想をお教えください。
⑥学校行事など、保護者の方に協力をお願いすることが多くなりますが、ご理解いただけますか。
⑦学校の教育（授業）にも「参画」していただくことになりますが、ご理解いただけますか。
⑧前の質問で、「参加」ではなく、「参画」と申し上げましたが、どのように意味が違うとお考えになりますか。
⑨早寝・早起き、あいさつなど、基本的生活習慣について、ご家庭ではどのように心がけていますか。

志願者と合流し、退出する。
その後、中央玄関にて受験票と保護者票を回収箱に返却し、終了。

〈時 間〉　５分程度

〈解 答〉　省略

［2020年度出題］

学習のポイント

保護者面接です。本校では保護者・志願者が同時に入室しますが、室内で別のテーブルに分かれ、保護者の方には面接、志願者には口頭試問が行われます。時間は５分前後と短く、回答に対し積極的に追加の質問がされるようなことはないようです。質問内容は大きく「家庭におけるお子さまの教育について」と「入学後に当校が行なう教育・行事への協力の可否」の２つに分けられます。日頃はどのような考えを持ってお子さまに接し、躾をしているか、どの程度まで学校の要請に対し協力が可能かなどについて端的に答えられるように準備しておきましょう。

【おすすめ問題集】
新 小学校受験の入試面接Ｑ＆Ａ、面接テスト問題集、面接最強マニュアル

学習のポイント

グループでの行動観察は協調性が観点ですから、息をあわせて行なわないとうまくいかない本問のような課題がよく行われます。どのゲームも特に難しいものではありませんが、こういった課題には、指示を聞き、ほかの人の動きを観察して、「あわせよう」という意識で臨んだ方がよい評価を得られるものです。運動能力や指示の理解は年齢なりのものがあれば問題ありません。積極性を見せようとして、ほかの志願者に指示したりする必要はありません。また、無理に声を出さなくても、表情や動作にほかの人を思いやる気持ちが表れていれば、悪い評価は受けないはずです。保護者の方は「ふだん通りに楽しくやりなさい」とお子さまに伝えてから、試験会場に送り出すようにしてください。

【おすすめ問題集】

Ｊｒ・ウォッチャー29「行動観察」、30「生活習慣」

問題19　分野：口頭試問

〈準 備〉　あらかじめ問題19-１の絵を点線に沿って切り分け、カードを作っておく。

〈問 題〉　（問題19-１のカード、19-２の絵を出題者と志願者の間に置く）
カードを使ってクマさんの部屋を飾りつけてください。
クマさんが喜ぶような部屋にしましょう。
・部屋の好きなところに、好きな家具やものを４つ置いてください。
・４つのものを並べたら、カードを順次指さしながら「どうしてここに置いたのですか」と質問する。
・置かなかったカードを指さしながら「なぜ置かなかったのですか」と質問する。

クマさんのお部屋完成後、以下のような質問をする。
・小学生になったら何をがんばりたいですか。

〈時 間〉　５分程度

〈解 答〉　省略

［2020年度出題］

学習のポイント

口頭試問は、①カードを選んで絵を飾り、②その後出来上がった絵についての質問と、「小学生になったら何をがんばりたいですか」という絵には関係のない質問をされます。①②ともに、正解がある問題ではありませんから、ここでは「質問の内容に沿った答えを相手が理解できるように話す」というコミュニケーションが取れれば問題ないでしょう。質問の答えが多少突飛な内容でも、相手にわかってもらえるなら「個性」ということになります。この口頭試問のユニークな点は同時進行で保護者の面接が同じ教室で行われていることです。お子さまは保護者の方がそばにいるからといって緊張（安心）しすぎたりすることがないように、また、保護者の方はお子さまが気になるでしょうが面接に集中してください。

【おすすめ問題集】

面接テスト問題集、新口頭試問・個別テスト問題集

学習のポイント

運筆の問題は当校では例年出題されている分野の１つです。線を引くだけなので、作業としては簡単ですが、使う筆記用具によって難しさが変わってくる問題とも言えます。ここではサインペンを使いますが、書いている途中に手を止めると、その部分が滲んでしまったり、線を引く力が均等でなかったら、ところどころかすれてしまったり、と引いた線を見ると、作業の過程がわかります。ですから簡単な作業だからといって、適当に行わないで、作業１つひとつに集中して取りかかるようにしましょう。この課題も時間に余裕があるので、すぐに線を引こうとするのではなく、まずは始めと終わりの位置を確認してから心に余裕を持たせて始めるようにしましょう。

【おすすめ問題集】

Ｊｒ・ウォッチャー51「運筆①」、52「運筆②」

問題18　分野：行動観察（集団ゲーム）

〈準備〉　風船、ドミノ（木製）、ビブス（ゼッケン）、大きめのハンカチ、ジッパー付きビニール袋
※ビブス、ハンカチはたたんでジッパー付きビニール袋に入れておく。

〈問題〉　**この問題の絵はありません。**

・指定された色のビブスを着け、大きなハンカチを三角に折って首に巻いてください。

・「猛獣狩りゲーム」（６人のグループで実施）
これから先生が言う動物の名前の音の数でグループになってください（ネコ→２人組、キリン→３人組のように、言葉の音の数のグループになる。数回行い、最後にテスターが「アフリカゾウ」と言って６人１組になり終了）。

・「風船つきゲーム」（５人のグループで実施）
チームの全員で手をつないで輪を作ってください。先生が輪の中に投げた風船を、手をつないだまま上につきあげます。頭や足は使ってはいけません。下に落ちた風船は、もう１度先生が投げ入れます。
※待機中のチームは応援するよう指示あり。

・「ドミノ倒し」（９人のグループで実施）
９人でドミノをどのように並べるか相談してください。相談が終わったら、先生が「終わり」と言うまで並べてください。その後「せーの」という掛け声と同時にドミノを倒します。

・ビブス、ハンカチを元通りにたたんで、カゴの中にしまいましょう。

〈時間〉　適宜

〈解答〉　省略

［2020年度出題］

問題16　分野：巧緻性（切る、塗る）

〈準 備〉　クレヨン（オレンジ）、ハサミ

〈問 題〉　パズルをした後、ともきくんはいつもありがとうという気持ちでこっそりお母さんへ手紙を書くことにしました。手紙はハートの形をした紙に書き、それをクマの形をした封筒に入れました。

（問題16の絵を渡して）
・上の段にあるハートの形を、オレンジのクレヨンで塗ってください。

・下の段に描いてあるクマを、太い線で切り抜いてください。

〈時 間〉　３分

〈解 答〉　省略

［2020年度出題］

学習のポイント

例年出題されている「巧緻性」の課題です。線を「なぞる」、色を「塗る」という基本的な巧緻性の作業で、複雑なものが出されていないため、特別な対策を取らなくてもこなせるでしょう。この問題のポイントは簡単な作業にも関わらず、３分という時間の設定がされています。そのことから、課題が終わった後の「後片付け」なども観られていると考えられます。当校の課題は、カゴが机の上にあり、そこから作業に使うものを取り出して作業を進めるという方法で行われています。それと同じように、作業が終わったら、使ったものをもとに戻すということが自然にできていれば、評価は高くなるでしょう。お子さまには日頃から保護者の方が言わなくても、後片付けをするように指導して、当たり前にできるようにしましょう。

【おすすめ問題集】
　実践 ゆびさきトレーニング①②③
　Ｊｒ・ウォッチャー23「切る・貼る・塗る」、25「生活巧緻性」

問題17　分野：巧緻性（線なぞり）

〈準 備〉　サインペン（赤）

〈問 題〉　ともきくんは手紙にチョウの絵を描きました。

・チョウが飛んだ点線を☆から★までなぞってください。

〈時 間〉　１分

〈解 答〉　省略

［2020年度出題］

問題15　分野：図形（パズル）

〈準備〉　あらかじめ問題15－２の絵を線に沿って切り分けておく。

〈問題〉　夢から覚めると、お母さんが「今日はともきの誕生日だよね」とパズルを渡してくれました。ともきくんが前から欲しかったパズルでした。さっそくそのパズルを並べ始めました。

（問題15－２を切り分けたものと15－１の絵を渡す）
・描かれている形にぴったり収まるように、形を組み合わせてください。

〈時間〉　１分

〈解答例〉　下図参照

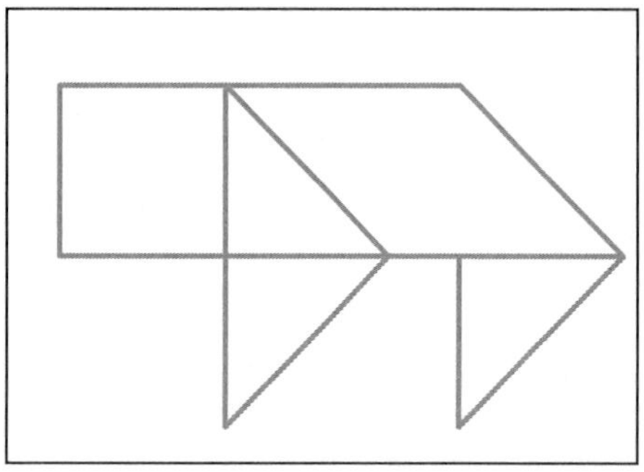

［2020年度出題］

学習のポイント

当校で例年出題されているパズルの問題です。パーツを反転させたり、回転させたりすることが頭の中でイメージできると、それほど時間がかからないで解くことができるでしょう。そうしたイメージは日頃、図形を使った学習の量が多ければ多いほど、身に付いていくもので、最初から備わっているものではありません。パズルやタングラム、積み木などを使って図形に触れさせることを保護者の方はお子さまにさせてください。学習としてではなく、遊びとしてでも構いません。さまざまな図形に触れることで「三角形と三角形をくっつけると四角形になる」などの図形の特徴を知ることができるようになり、このようなパズルの問題でも、その知識を自然と活かせるようになります。

【おすすめ問題集】
Ｊｒ・ウォッチャー３「パズル」、９「合成」、45「図形分割」、
54「図形の構成」

学習のポイント

例年、常識分野の問題が出題されています。出題されるジャンルはこの問題のように「遊び」に関するもの、季節に関するものなど、年度によって変わってきますので、どのジャンルが出題されても答えられるように、幅広く知識を得るようにしていきましょう。ここでは遊びに関するルールやマナーが聞かれています。部屋の中で遊んではいけないものを選びます。大切なのは、「なぜしてはいけないのか」という理由を説明できることです。この問題の正解は「竹馬」です。理由はさまざまですが、部屋の中で竹馬で遊ぶとケガをする恐れがあるからなどが挙げられます。保護者の方が指導する際に、答えといっしょに理由も聞きましょう。お子さまが理由を正しく言えることで、はじめてマナーやルールが身に付いていると言えるからです。

【おすすめ問題集】
Ｊｒ・ウォッチャー12「日常生活」、56「マナーとルール」

問題14　分野：図形（間違い探し）

〈準備〉　赤鉛筆

〈問題〉　ともきくんは夢の中で自分の家に帰り、お部屋に戻ると、机の上にあるものが、家を出た時と違っていました。

（問題14－１、14－２の絵を渡して）
◆マークの付いた紙には、家を出た時に机の上にあったものが描かれています。△マークの紙には、いま机の上にあるものが描かれています。それぞれを見比べて、増えているものを△マークの紙の中から見つけて、○をつけてください。

〈時間〉　１分

〈解答〉　マーカーペン

［2020年度出題］

学習のポイント

例年出題されている、２つの絵を見比べて、違いを発見する問題です。絵を並べて見比べることができるので、絵を記憶する必要はありません。絵を見比べるときに、「上から下」「左から右」と順番を決めて見ていけば、見逃すことを防げます。とはいえ、絵の個数がそこまで多くないので、わざわざそのように見なくても解ける問題です。なので、このようにほとんどの志願者が正解してくる問題ではどこに差がつくか、というと○の描き方などの細かい部分になってくるかもしれません。もちろん、学校側がそこまで観ているとは思いませんが、ほかの学校に比べ、行動観察の課題が多い当校では注意しておいても損はないでしょう。

【おすすめ問題集】
Ｊｒ・ウォッチャー４「同図形探し」、20「見る記憶・聴く記憶」

問題12　分野：常識

〈準　備〉　赤鉛筆

〈問　題〉　カレーライスが出来上がりました。「いただきまーす」とともきくんは大きく口を開けて、ひと口パクッと食べました。するとカレーライスにニンジンが入っていることに気付きました。

・ともきくんはニンジンを食べた時、どんな顔をしたと思いますか。選んで○をつけてください。

〈時　間〉　20秒

〈解　答〉　左から２番目（困った顔）

［2020年度出題］

学習のポイント

登場人物の気持ちを読み取る問題です。この問題のポイントは、前問のお話と関連付けて考えられるかどうかです。しっかりとお話を覚えていれば、ともきくんはニンジンが苦手ということがわかります。ですから、この問題の正解は左から２番目の困った顔になります。当校の出題には、問題をまたいでお話が継続することがあるので、短い文だからといっておざなりにしないで、集中して聞くようにしましょう。ただ、この問題の場合、お話の内容を聞き取るだけでなく、登場人物がどう感じたのか、気持ちを答えなければいけません。食べているものに苦手なものが入っているとイヤな感じになる、というのはこの年齢のお子さまなら考えなくても答えられるでしょう。ですから、とりわけ特別な対策を取る必要はなく、お子さまにさまざまな人とコミュニケーションを取り、相手の気持ちを考える経験を増やしていきましょう。

【おすすめ問題集】

Ｊｒ・ウォッチャー12「日常生活」

問題13　分野：常識（マナー・ルール）

〈準　備〉　赤鉛筆

〈問　題〉　食事の後、ともきくんはウトウトして寝てしまいました。
夢の中で友だちの家に行って、遊んでいました。

・部屋の中でしてはいけない遊びはどれですか。選んで○をつけてください。

〈時　間〉　20秒

〈解　答〉　右から２番目（竹馬）

［2020年度出題］

2020年度以前の問題

問題11　分野：お話の記憶

〈準 備〉　赤鉛筆

〈問 題〉　ともきくんの今日の晩ごはんはカレーライスです。「ともきもお母さんのお手伝いをしたい！」とお母さんにお願いをして、ともきくんはサラダを作ることになりました。お母さんが「レタスをちぎって、その上にトマトを載せてね」と教えてくれたので、お母さんの言う通りにしました。ともきくんは「カレーライスにともきが嫌いなニンジンを入れないでね」と言うと、お母さんはうふふと笑いました。

・ともきくんが嫌いなものに○をつけてください。

〈時 間〉　20秒

〈解 答〉　右から２番目（ニンジン）

［2020年度出題］

学習のポイント

当校の入試の特徴は１つのお話の中で、「記憶」「図形」「常識」「制作（巧緻性）」などさまざまな分野の問題が連続して出題されることです。例年、当校の入試はこの方式なので、お子さまも知っておいた方がよいでしょう。なお問題自体はそれほど難しいものではありません。例えば当校で出題される「お話の記憶」のお話はほかの学校と比べると、200字程度とかなり短いものになっています。お話を聞く時に「○○が○○した」ということを頭の中で整理できているかどうかです。お子さまがこのことに意識できるようにするには、日頃から保護者の方が絵本の読み聞かせなどを行いましょう。読み聞かせの途中や終わりに登場人物の服や行動など、お子さまに考えさせる質問をすることで自然と頭の中でお話を整理することを身に付けていきます。

【おすすめ問題集】

１話５分の読み聞かせお話集①・②、お話の記憶 初級編・中級編、
Ｊｒ・ウォッチャー19「お話の記憶」

大阪教育大学附属平野小学校　専用注文書

年　　月　　日

合格のための問題集ベスト・セレクション

＊入試頻出分野ベスト３

1st　お話の記憶	2nd　常　識	3rd　図　形
集中力　聞く力	知識　マナー	思考力　観察力

１つの分野でさまざまな問題が出題される、独特の形式が特徴です。難しい問題に取り組むよりも、それぞれの分野の基本問題を幅広く学習し、どんな問題にも対応できるようにすることがポイントです。

分野	書　名	価格(税込)	注文	分野	書　名	価格(税込)	注文
図形	Ｊｒ・ウォッチャー３「パズル」	1,650円	冊	図形	Ｊｒ・ウォッチャー45「図形分割」	1,650円	冊
図形	Ｊｒ・ウォッチャー４「同図形探し」	1,650円	冊	巧緻性	Ｊｒ・ウォッチャー51「運筆①」	1,650円	冊
推理	Ｊｒ・ウォッチャー６「系列」	1,650円	冊	巧緻性	Ｊｒ・ウォッチャー52「運筆②」	1,650円	冊
図形	Ｊｒ・ウォッチャー９「合成」	1,650円	冊	図形	Ｊｒ・ウォッチャー54「図形の構成」	1,650円	冊
常識	Ｊｒ・ウォッチャー11「いろいろな仲間」	1,650円	冊	常識	Ｊｒ・ウォッチャー55「理科②」	1,650円	冊
常識	Ｊｒ・ウォッチャー12「日常生活」	1,650円	冊	常識	Ｊｒ・ウォッチャー56「マナーとルール」	1,650円	冊
推理	Ｊｒ・ウォッチャー15「比較」	1,650円	冊	推理	Ｊｒ・ウォッチャー58「比較②」	1,650円	冊
記憶	Ｊｒ・ウォッチャー19「お話の記憶」	1,650円	冊	推理	Ｊｒ・ウォッチャー59「欠所補完」	1,650円	冊
巧緻性	Ｊｒ・ウォッチャー23「切る・貼る・塗る」	1,650円	冊		実践 ゆびさきトレーニング①②③	2,750円	各　冊
常識	Ｊｒ・ウォッチャー27「理科」	1,650円	冊		面接テスト問題集	2,200円	冊
行動観察	Ｊｒ・ウォッチャー29「行動観察」	1,650円	冊		１話５分の読み聞かせお話集①②	1,980円	各　冊
推理	Ｊｒ・ウォッチャー31「推理思考」	1,650円	冊		新 運動テスト問題集	2,420円	冊
常識	Ｊｒ・ウォッチャー34「季節」	1,650円	冊				

合計	冊	円

(フリガナ) 氏　名	電　話 ＦＡＸ E-mail
住　所　〒　　　－	以前にご注文されたことはございますか。 有　・　無

★お近くの書店、または記載の電話・FAX・ホームページにてご注文をお受けしております。
電話：03-5261-8951　FAX：03-5261-8953　代金は書籍合計金額＋送料がかかります。
※なお、落丁・乱丁以外の理由による商品の返品・交換には応じかねます。
★ご記入頂いた個人に関する情報は、当社にて厳重に管理致します。なお、ご購入の商品発送の他に、当社発行の書籍案内、書籍に関する調査に使用させて頂く場合がございますので、予めご了承ください。

日本学習図書株式会社
http://www.nichigaku.jp

問題9　分野：口頭試問

保護者面接と同時に行われる、志願者に対する口頭試問です。例年、カードを使ったものが多いようです。お子さまにもよるでしょうが、たいていは初めてて会う大人と２人きりでお話をするという状況は、かなり緊張するはずです。そうした状況に少しでも慣れることができるように、ふだんの生活の中で、お子さまがご家族以外の方とお話ができる機会を作るようにしていきましょう。同時に、お子さまのふだんの言葉遣いにも注意しましょう。「〇〇！」と、言いっぱなしの言葉遣いはぞんざいで荒っぽい印象を与えかねません。必要な箇所には「です」「ます」などをきちんとつけると、ていねいな言葉遣いになりますので、そういった点も気が付いた時は指導していきましょう。

【おすすめ問題集】
新口頭試問・個別テスト問題集

問題10　分野：面接（保護者面接）

面接の内容はほぼ例年通りです。面接と言うよりは学校の教育方針、内容と協力体制の確認だと考えてください。ほかには、家庭の教育方針などについてたずねられるようです。中学進学な将来に関する質問もありますから、事前に家庭で意見をまとめておいてください。全体としては家庭の教育方針と当校の相性を見る面接と言えるでしょう。それほど難しいことは聞かれないので、常識はずれのことをしなければ問題のない面接です。落ち着いて臨みましょう。

【おすすめ図書】
新・小学校面接Ｑ＆Ａ、入試面接最強マニュアル

問題7　分野：巧緻性

〈参 考〉 7－3の解答例

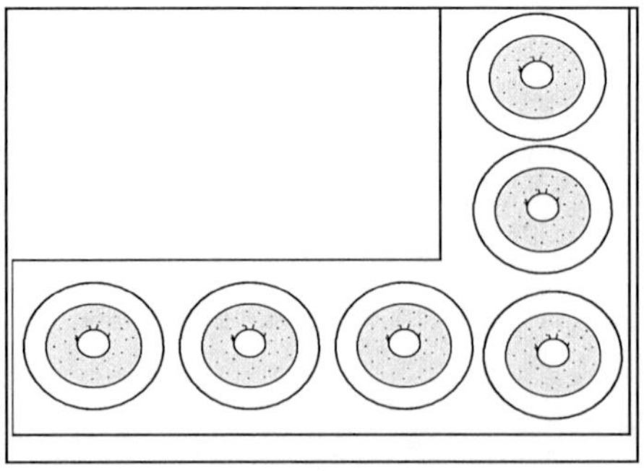

制作に近い、巧緻性の問題です。かなり指示が細かいので、よく聞き、理解してから作業を行うようにしてください。特に上図で示したように最後の課題は指先の器用さも要求される作業です。集中して行った方がよいでしょう。実際の試験では、ドーナツや皿などは実物を使って行ったので、準備できるご家庭では、ぜひ実物を使って行ってください。同じ問題が出ることはないでしょうが、同じような問題が出るかもしれません。食べものや食器の扱いなどは慣れておいた方がこういった問題には対応しやすいはずです。なお、上図は③の指示に従ってドーナツと皿を並べた時の参考図です。

【おすすめ問題集】

実践 ゆびさきトレーニング①②③

問題8　行動観察（集団ゲーム）

集団遊びを通した行動観察です。指示を理解して、その指示通りに行動できるか、積極性・協調性があるかどうかなどが観られます。集団での遊びという楽しい雰囲気の中でも、はしゃぎすぎて指示を聞くことができなかったり、指示されたルールを破ってしまったりということがないようにしましょう。また、はじめて会ったお友だちと集まって相談したり、協力して作業を行なったりという場面があります。積極的に自分の意見を出すとともに、お友だちの意見も聞いて話し合うという態度が理想ですが、知らない人たちの中で、「悪目立ち」することなく常識的な行動が取れる、という程度でも評価としては充分でしょう。お友だちとの遊びの中で、他者とのコミュニケーションの取り方を学んでいけるように、ふだんから注意して見守ってください。

【おすすめ問題集】

Ｊｒ・ウォッチャー29「行動観察」、新運動テスト問題集

問題4　分野：お話の記憶

〈解 答〉　１番下

お話されている順番をたずねる問題なので、お話の記憶としていますが、手を洗うという行為の常識を持っていれば答えられる問題です。当校の出題傾向から見ても、記憶力を観点にしているのではなく、食事の前には手を洗う、手を洗う時はどうするのかという常識を聞いているのだと考えてよいでしょう。小学校入試の問題のほとんどはこのような生活常識についてたずねるものだと考えましょう。当校はその中でもその傾向が顕著な入試ですから、知識だけを身に付けるような対策学習は避けてください。

【おすすめ問題集】

Ｊｒ・ウォッチャー12「日常生活」、56「マナーとルール」

問題5　分野：図形（パズル）

〈解 答〉　左上

パズルとしていますが、要は見本の図形を作るのに、いらない形があるものを選択肢から探す問題です。よくわからなければ、上の四角に描かれている図形を選択肢の中に探して、あれば選択肢の図形に✓を入れていきましょう。すべて✓が入ればそれが正解ということになります。できたらでかまいませんが、できれば△がいくつある、○がいくつあると考えて、解答ができるようにしましょう。当校ではあまり出題されませんが、数量分野の問題では「だいたいいくつあるかがひと目でわかる」ということが、重要な能力の１つになります。

【おすすめ問題集】

Ｊｒ・ウォッチャー３「パズル」、54「図形の構成」

問題6　分野：巧緻性（塗り絵・線なぞり）

色を塗る、線をなぞるといった運筆の課題です。当校の入試では頻出していますから、あらかじめ練習しておきましょう。線を引く課題はサインペンを使うので特に注意してください。ペンの角度や、動かすスピードなど、鉛筆やクレヨンとは少し異なります。コツは、線を引く場合、ペン先と終点の両方が見えるので、ペン先と目標となる終点を視界に入れた状態で、手を動かすことです。線を引いている途中でも細かな修正ができ、結果として歪みの少ない線を引けます。

【おすすめ問題集】

Ｊｒ・ウォッチャー51「運筆①」、52「運筆②」

問題2　分野：常識（マナー・ルール）

〈解 答〉　下図参照

常識分野の問題は頻出です。特にこの問題のようなマナーや交通ルールに関する問題は毎年のように出題されているので注意してください。こうした常識をお子さまに覚えさせるには「なぜしてはいけないのか」という理由も説明するようにしましょう。お子さまは納得しないとこうしたことは覚えないものです。また、交通ルールやマナーはそれが行われる場所や場面で、その度説明してあげましょう。その方が理解しやすいはずです。

【おすすめ問題集】

Ｊｒ・ウォッチャー12「日常生活」、56「マナーとルール」

問題3　分野：常識（季節）

〈解 答〉　○：モミジの葉、ドングリ

お話に「お月見だけど～」とあるので、答えはモミジの葉とドングリということになります。セミの抜け殻は最近では秋にも見られるかもしれませんが、小学校受験の季節では夏のものに分類されます。最近は温暖化や技術の進歩で動植物の季節感が、小学校受験で言われるものと違うと思われる保護者の方もいらっしゃるとは思いますが、試験の際にはそうしたことも言ってられません。いわゆる「常識的な答え」を選ぶようにお子さまに言っておきましょう。

【おすすめ問題集】

Ｊｒ・ウォッチャー34「季節」

2021年度入試
解答例・学習アドバイス

解答例では、制作・巧緻性・行動観察・運動といった分野の問題の答えは省略されています。こうした問題では、各問のアドバイスを参照し、保護者の方がお子さまの答えを判断してください。

問題1　分野：お話の記憶

〈解答〉　○：すべり台、ジャングルジム

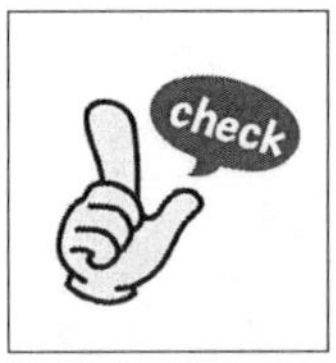

当校の入試の特徴は1つのお話の中で、「記憶」「図形」「常識」「制作（巧緻性）」などさまざまな分野の問題が連続して出題されることです。例年、当校の入試はこの方式なので、理解しておいてください。お話は短く、ふつうに聞いていれば覚えられるはずです。落ち着いて話を聞くようにしましょう。内容についての質問は多くて2問です。ほかの分野の質問はお話の内容とほとんど関係ありません。

【おすすめ問題集】
1話5分の読み聞かせお話集①・②、お話の記憶 初級編・中級編、
Ｊｒ・ウォッチャー19「お話の記憶」

問題９－２

問題9－1

日本学習図書株式会社

問題7－3

問題7－2

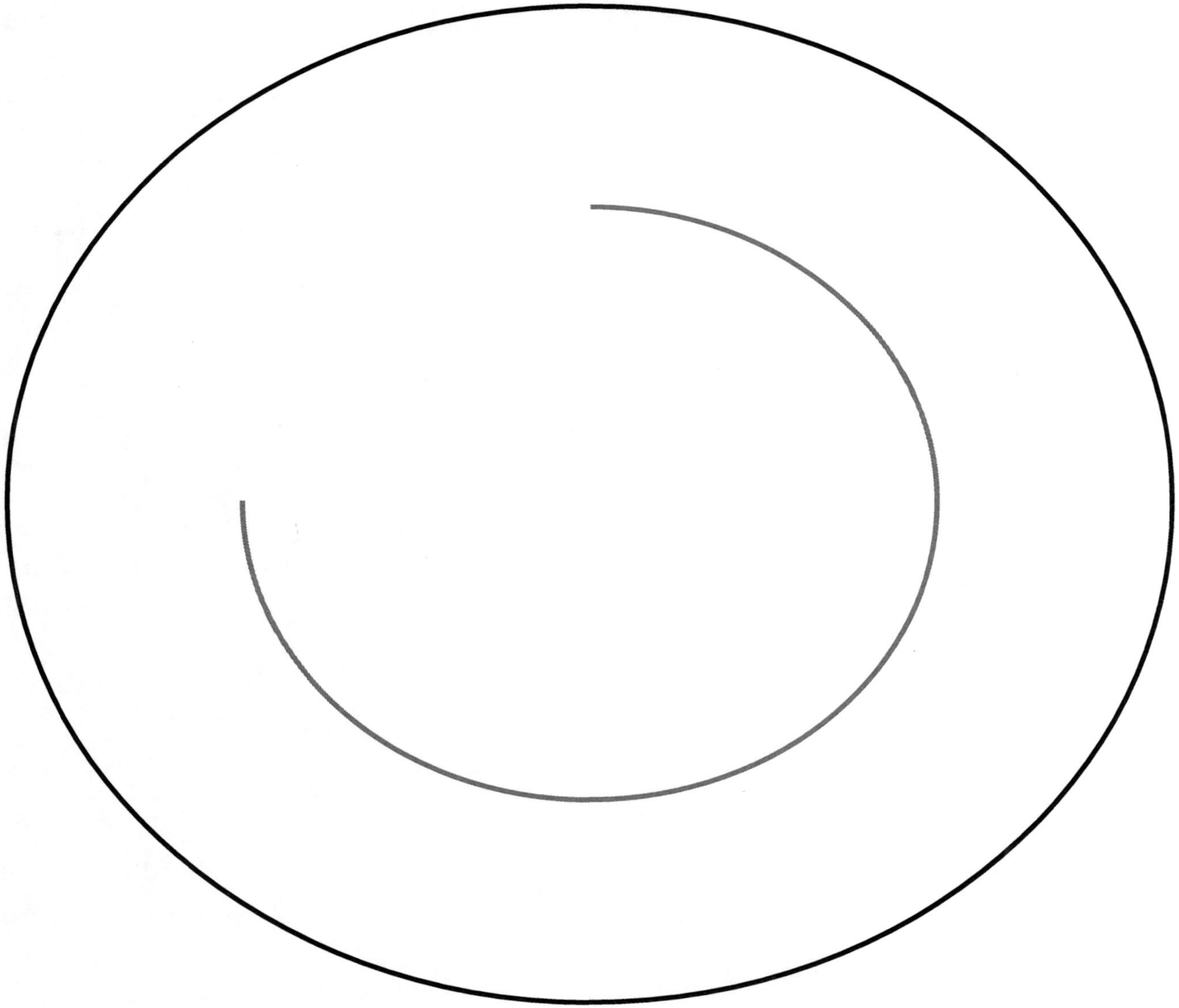

2022年度 附属平野小学校 過去 無断複製／転載を禁ずる 日本学習図書株式会社

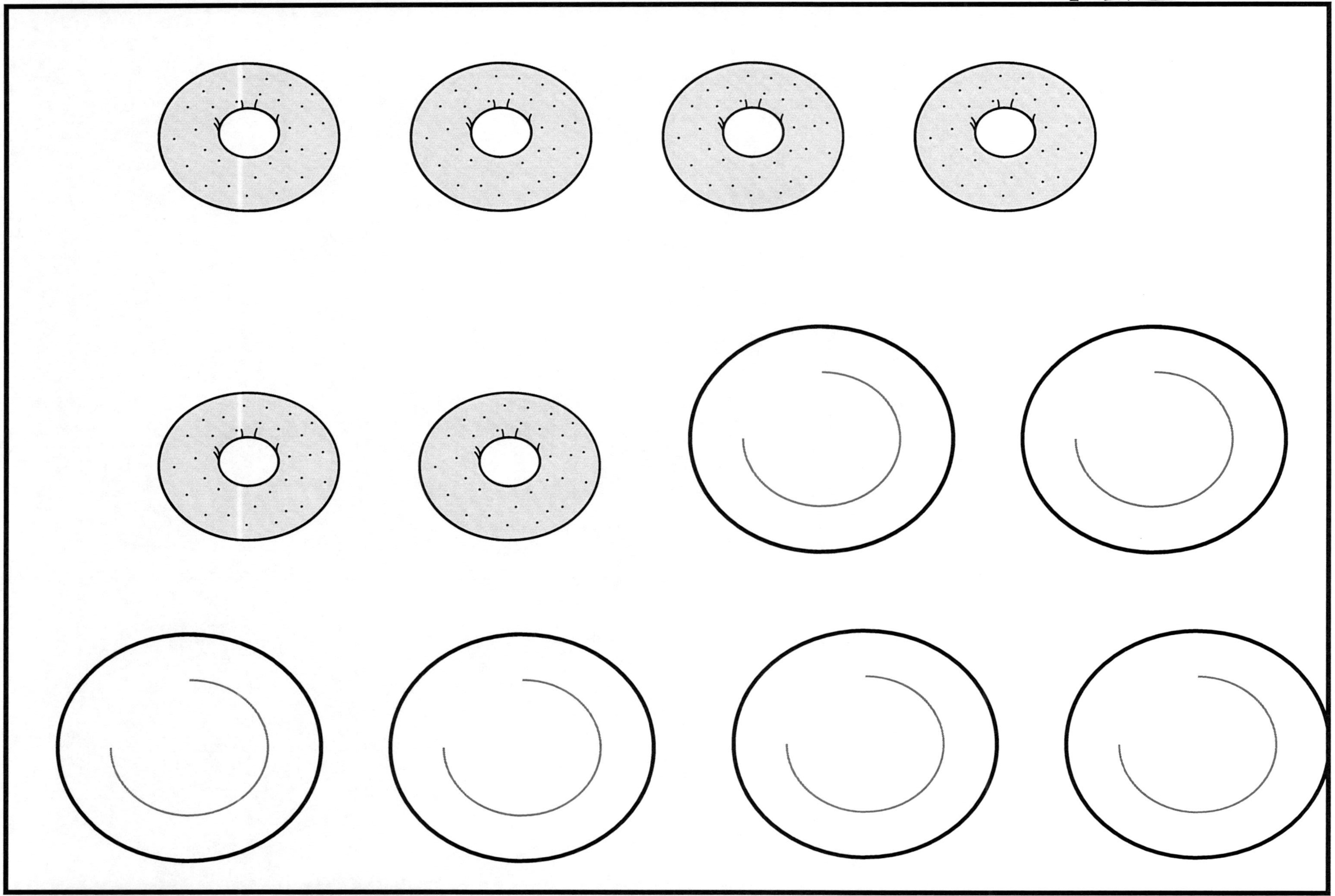

2022年度 附属平野小学校 過去　無断複製／転載を禁ずる　日本学習図書株式会社

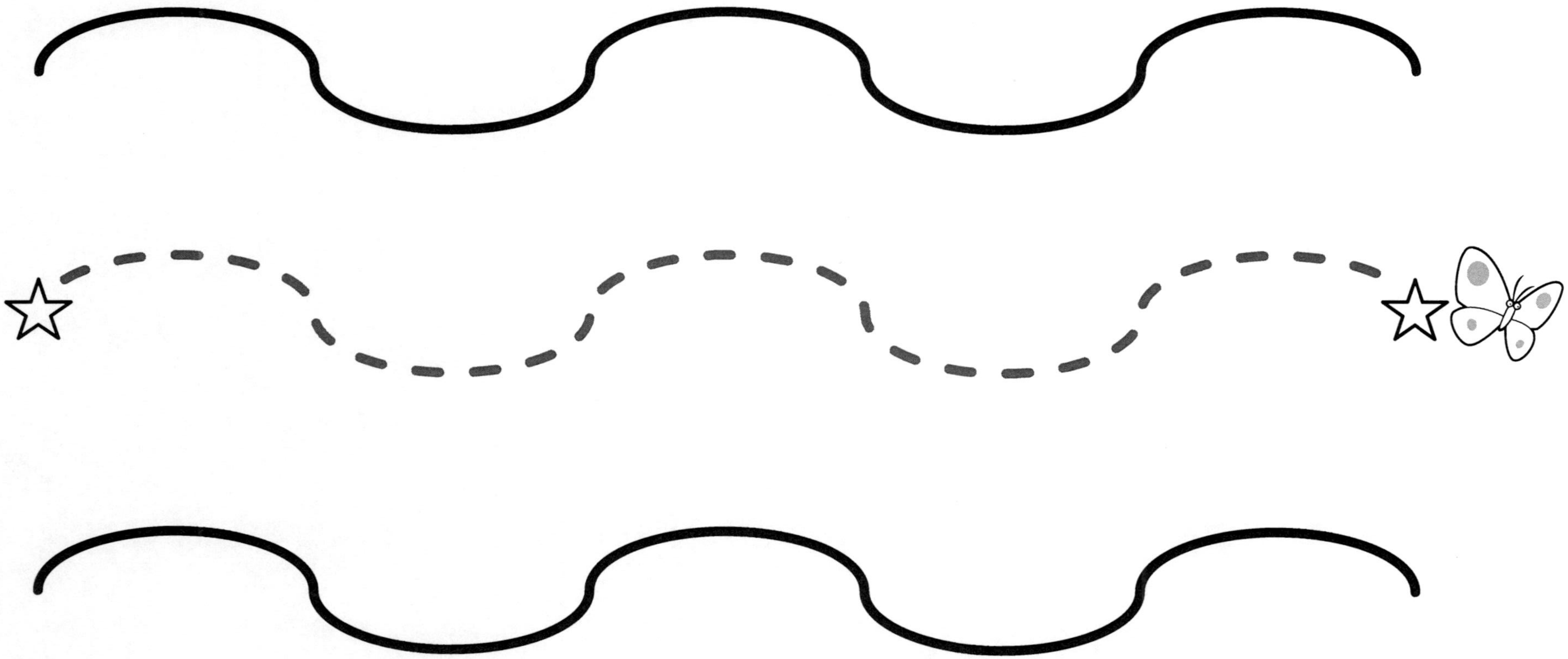

問題6－1

問題5

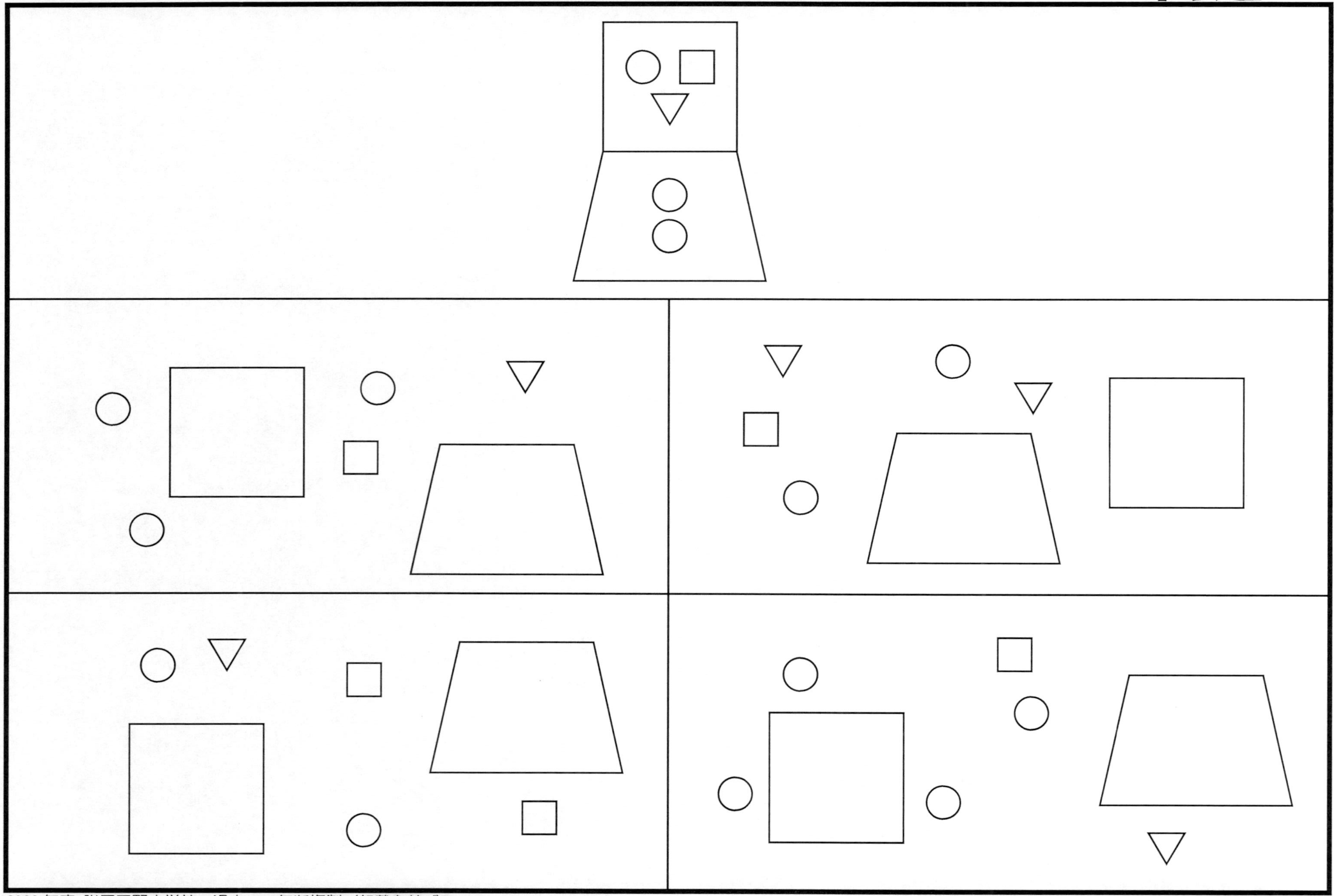

問題4

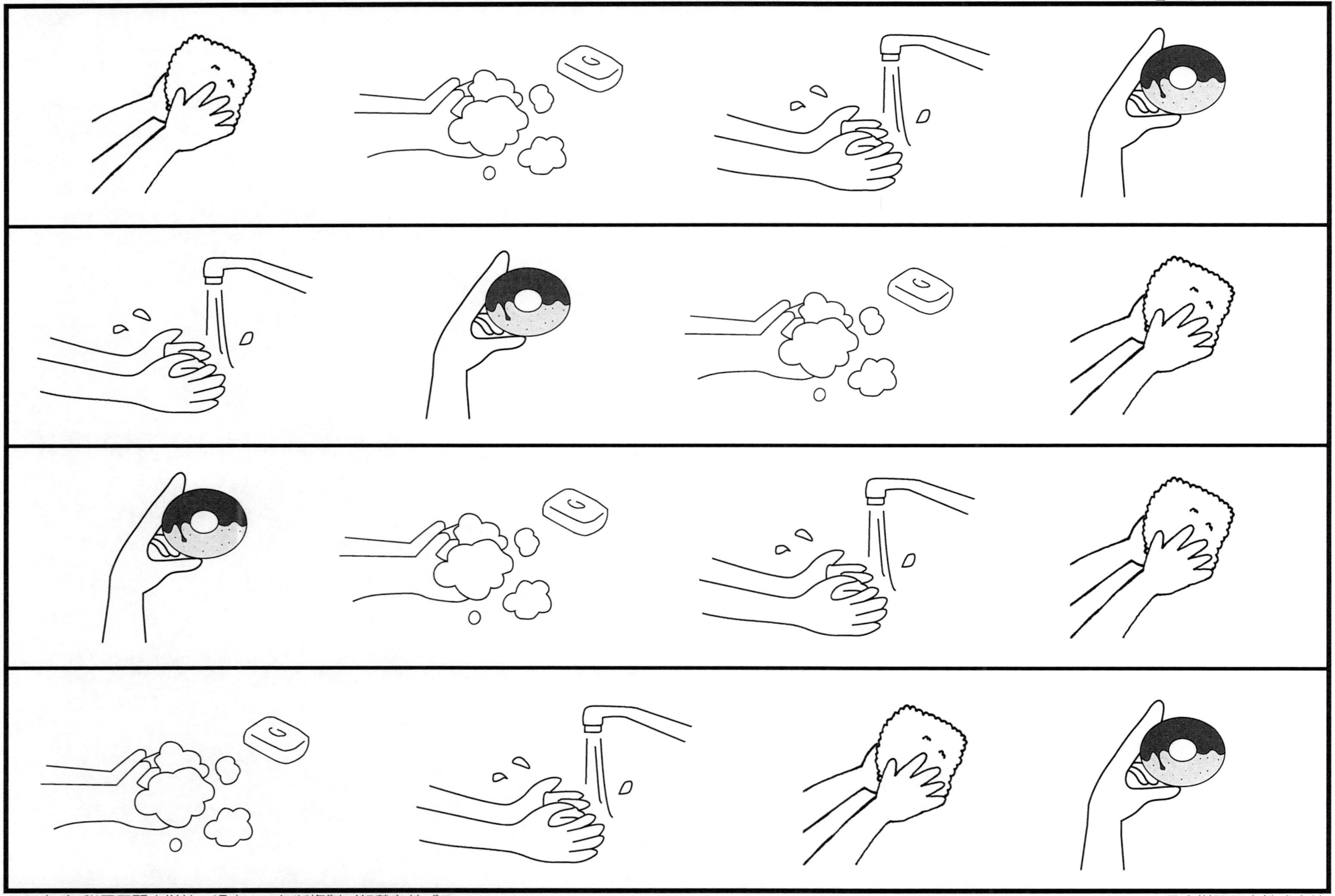

問題 3

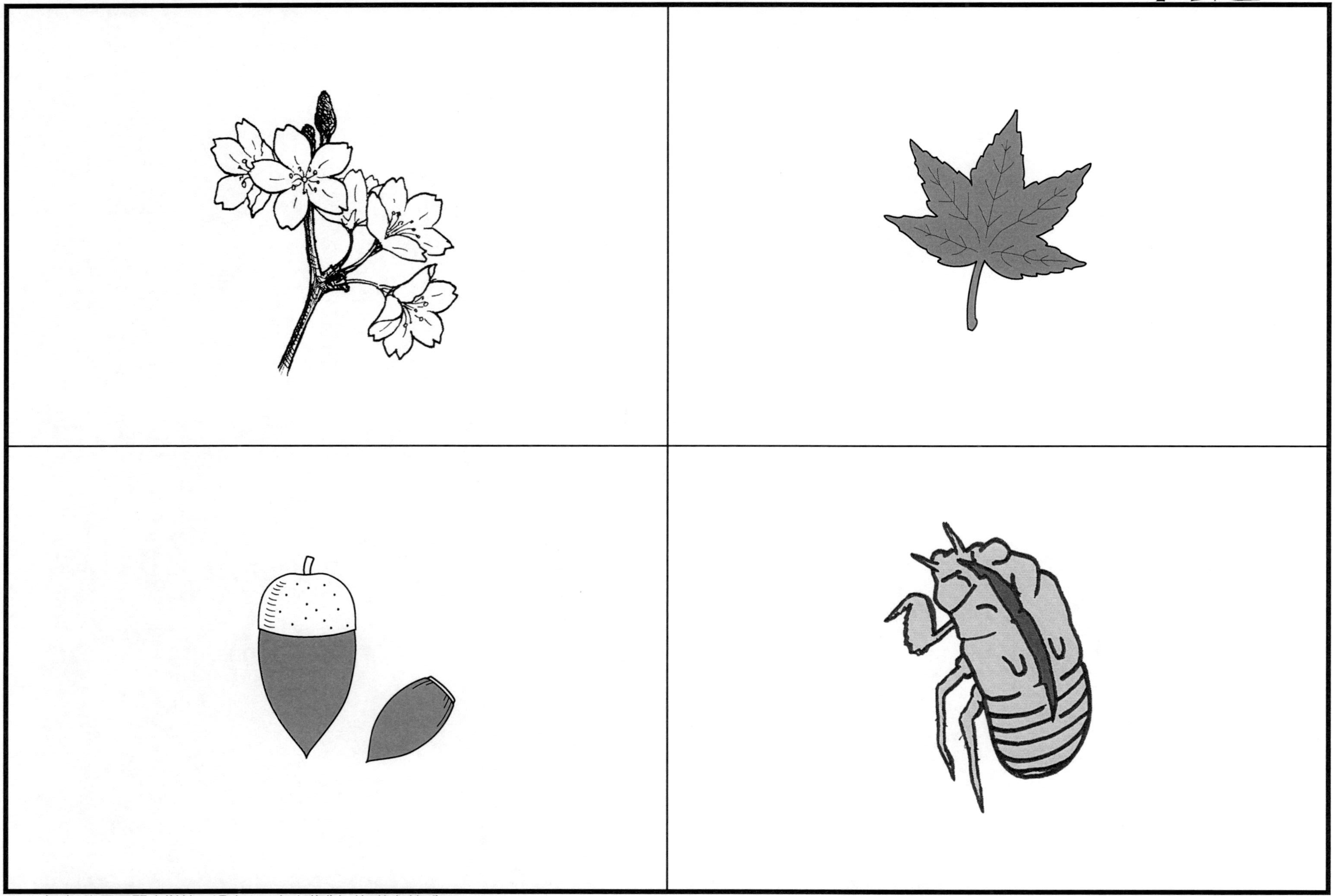

問題2

問題 1

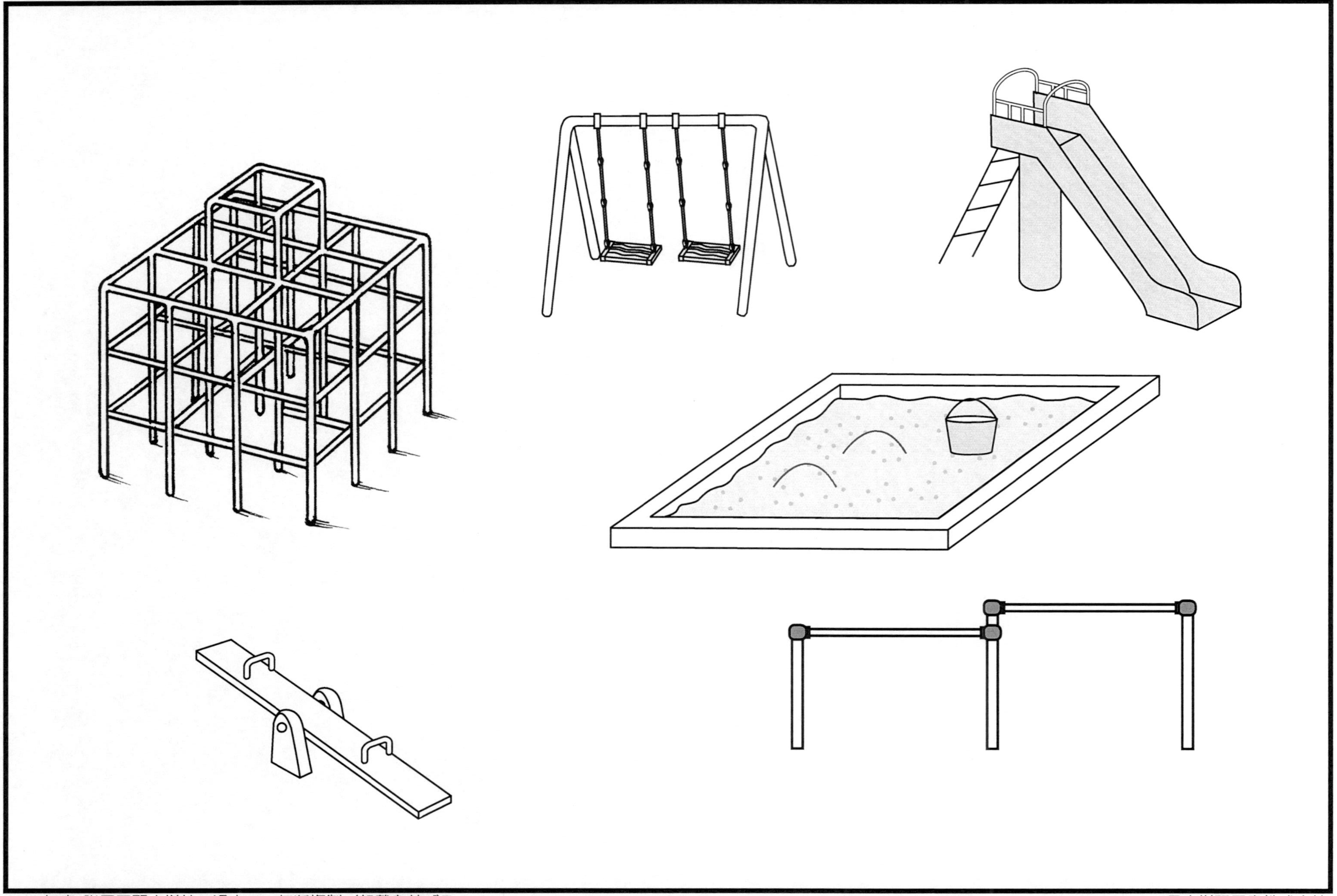

問題10　分野：面接（保護者面接）

〈準備〉　なし

〈問題〉　**この問題の絵はありません。**

保護者・志願者が揃って面接会場に入室する。
志願者に名前などの質問があった後、志願者は後ろの机に移動する。

①通学の安全指導のため、保護者に年５～６回通学路に立っていただきます。協力は可能ですか。
②交通ルール、公共マナーについて、家庭でどのような指導をしていますか。
③附属中学校へは、希望者全員が進学できるとは限りませんが、その点は理解した上での志願ですか。
④私立中学校進学のための授業・指導は行なっていませんが、そのことは理解した上での志願ですか。
⑤当校の教育目標についての感想をお教えください。
⑥学校行事など、保護者の方に協力をお願いすることが多くなりますが、ご理解いただけますか。
⑦学校の教育（授業）にも参画していただくことになりますが、ご理解いただけますか。
⑧平野小学校をよりよくするため、ご意見をいただけますか。
⑨早寝・早起き、あいさつなど、基本的生活習慣について、ご家庭ではどのように心がけていますか。

志願者と合流し、退出する。
その後、中央玄関にて受験票と保護者票を回収箱に返却し、終了。

〈時間〉　５分程度

問題８　分野：行動観察（集団ゲーム）

〈準　備〉　風船、ドミノ（木製）、ビブス（ゼッケン）、大きめのハンカチ、
ジッパー付きビニール袋、積み木（適宜）、ボール、絵カード（５cm×５cm、
赤・青・緑・黄の４色、各20枚程度）、模造紙（１m×１m）
※ビブス、ハンカチはたたんでジッパー付きビニール袋に入れておく。

〈問　題〉　**この問題の絵はありません。**

・指定された色のビブスを着け、大きなハンカチを三角に折って首に巻いてください。ほどけたら結び直してください。

・「模倣体操」（12人のグループで実施）
「やま」～両手を上げて頭の上で三角形を作り、足を横に広げる。
「いわ」～両手を握って胸の前につけ、しゃがむ。
練習の後、テスターの指示でどちらかの動作をランダムに繰り返す。「先生が『やま』と言ったら『いわ』のポーズを取ってください」といった指示もあり。

・「ボウリングゲーム」（６人のグループで実施）
３人ずつのチームになり、対抗戦。積み木をボウリングのピンに見立てて、ボールを投げる。積み木の組み方はは２・３・５個の３種類。相談して、ボールを投げる人、ピンを直す人の役割分担をし、投げる度に交代。「やめ」という指示あるまで続ける。

・「絵カードで絵を描く」（12人のグループで実施）
６人のグループになり、相談してから模造紙（白）の上に絵カード（〈準備〉参照）を並べて１枚の絵を作る。

・ビブス、ハンカチを元通りにたたんで、カゴの中にしまいましょう。

〈時　間〉　適宜

問題９　分野：口頭試問

〈準　備〉　あらかじめ問題９－１の絵を点線に沿って切り分け、カードを作っておく。

〈問　題〉　（問題９－１のカードを伏せて並べ、９－２の絵を志願者の前に置く）

①（問題９－２の左の絵を見せながら）パンダは宝箱を開けたがっています。わたしとあなたでカードを交互に引いて、カードに描いてある動物が違った時には鍵が１つもらえます。それでは、あなたからカードをめくってください。
②（カードを交互にめくり、宝箱の鍵をもらったあとで）
パンダは宝箱が全部開かなくて残念そうです。（問題９－２の右側の絵を見せて）この中からパンダが元気になるものを選んで、あげてください。（選んだあとで）なぜそれをあげるのですか。

①②を行った後、以下のような質問をする。
・小学生になったらやりたいことはなんですか。
・大きくなったら何になりたいですか

〈時　間〉　５分程度

問題4　分野：お話の記憶

〈準備〉　赤鉛筆

〈問題〉　おやつを食べ終わると、友だちの太郎くんがパズルを持って遊びに来ました。ぼくもパズルを持っていたので交換して遊びました。

・お話の順番通りに並んでいる絵の四角を選んで○をつけてください。

〈時間〉　1分

問題5　分野：図形（パズル）

〈準備〉　赤鉛筆

〈問題〉　・上の四角に描いてあるパズルがバラバラになりました。正しく部品がある絵を下の四角から選んで○をつけてください。

〈時間〉　1分

問題6　分野：巧緻性（塗り絵・線なぞり）

〈準備〉　クレヨン（オレンジ）、サインペン（赤）

〈問題〉　（問題6－1の絵を渡して）
・モミジの葉っぱを白いところがなくなるまでオレンジのクレヨンで塗ってください。
（問題6－2の絵を渡して）
・サインペンでチョウが飛んだ点線を☆から☆までなぞってください。

〈時間〉　3分

問題7　分野：巧緻性

〈準備〉　ビニール袋
※あらかじめ問題7－1の絵をそれぞれ切り抜き、ドーナツの絵はビニール袋に入れ、切り抜いた皿の絵は机の上に並べておく。問題7－2、7－3の絵も机の上に並べておく。

〈問題〉　（ドーナツの絵が入ったビニール袋を渡して）
①ビニール袋からドーナツを出し、大きなお皿（問題7－2の絵）の上に並べてください。
②ドーナツを机の上にある（切り抜いた）6枚のお皿の上に移してください。
③ドーナツを載せたお皿を太い枠線が描いてある絵の上に並べてください。その時、お皿が太線の枠に重ならないようにしてください。
④ドーナツを袋の中に戻してください。

〈時間〉　5分

◎学習効果を上げるため、前掲の「家庭学習ガイド」及び「合格のためのアドバイス」をお読みになり、実施される入試の出題傾向を、よく把握した上で問題に取り組んでください。
※冒頭の「本書のご使用方法」「ご使用にあたっての注意点」も併せてご覧ください。

2021年度の最新問題

問題1　分野：お話の記憶

〈準　備〉　赤鉛筆

〈問　題〉　ぼくは公園に行って、ジャングルジムとすべり台で遊びました。

・ぼくが公園で遊んだのは何ですか。○をつけてください。

〈時　間〉　20秒

問題2　分野：常識（マナー・ルール）

〈準　備〉　赤鉛筆

〈問　題〉　公園から帰る途中の道に信号がありました。ぼくは青信号になるのを待って横断歩道を渡りました。

・交差点で危ないことをしているのは誰ですか。○をつけてください。

〈時　間〉　20秒

問題3　分野：常識（季節）

〈準　備〉　赤鉛筆

〈問　題〉　公園から帰るとお母さんが「今日はお月見だけど、おやつはドーナツね」と、言ってドーナツをくれました。ぼくは石鹸で手を洗ってタオルで拭いてからそれを食べました。

・公園にはどんなものが落ちていたでしょう。○をつけてください。

〈時　間〉　20秒

得 先輩ママたちの声！

◆実際に受験をされた方からのアドバイスです。
ぜひ参考にしてください。

大阪教育大学附属平野小学校

・１日目の朝、封筒を引き、考査番号が決定され、その番号が書かれた札が渡されます。考査番号札に終了印を押すところが４ヶ所あり、１日目に２ヶ所押され、２日目も持参し、終了後、保護者票といっしょに返却することになっています。番号札をなくさないように注意してください。

・ペーパーテストでは、机の上にカゴがあり、ペンやクレヨンなど試験中に使う物が入っていました。それぞれの問題で、その都度、何を使うか指示があったそうです。また、使わないものや使い終わったものはカゴの中にしまうように指示があったそうなので、ふだんから使い終わったらしまう癖を付けておくとよいと思います。

・ペーパーテストの後、次の準備までの間に「静かに待ちましょう」という指示がありましたが、おしゃべりをしていたり、走り回ったりしている子どもがいて、先生に注意されたそうです。

・体育館には椅子がなく、床に座るので、座布団などを持参された方がよいでしょう。

・面接は親子いっしょに入室しますが、子どもと親は両端２ヶ所に分かれて別々に面接を受けました。子どもは４ピースのパズルを完成させた後、家庭教育でどのように指導されているかを観るような質問をされました。家庭でのコミュニケーション、躾などでも、子ども自身に考えさせることを意識して教育をされるとよいのではないかと思いました。

・保護者の面接は５～６分で、「学校をよりよいものにするため、いろいろな意見を伺っています。アンケートのようなものですので、お気軽にお答えください」という言葉で始まりました。

・ペーパーテストでも行動観察でも、細かく指示が出されますので、注意深く聞けるように、ふだんのお手伝いから実践して臨みました。

大阪教育大学附属
平野小学校

過去問題集

〈はじめに〉

現在、少子化が叫ばれているにもかかわらず、私立・国立小学校の入学試験には一定の応募者があります。入試は、ただやみくもに学習するだけでは成果を得ることはできません。志望校の過去における出題傾向を研究・把握した上で、練習を進めていくこと、その上で試験までに志願者の不得意分野を克服していくことが必須条件です。そこで、本問題集は小学校を受験される方々に、志望校の出題傾向をより詳しく知って頂くために、過去に遡り出題頻度の高い問題を結集いたしました。最新のデータを含む精選された過去問題集で実力をつけてください。

また、志望校の選択には弊社発行の「2022年度版　近畿圏・愛知県　国立・私立小学校　進学のてびき」をぜひ参考になさってください。

〈本書ご使用方法〉

◆出題者は出題前に一度問題を通読し、出題内容などを把握した上で、〈 準 備 〉の欄に表記してあるものを用意してから始めてください。
◆お子さまに絵の頁を渡し、出題者が問題文を読む形式で出題してください。問題を読んだ後で、絵の頁を渡す問題もありますのでご注意ください。
◆「分野」は、問題の分野を表しています。弊社の問題集の分野に対応していますので、復習する時の目安にお役立てください。
◆一部の描画や工作、常識等の問題については、解答が省略されているものがあります。お子さまの答えが成り立つか、出題者が各自でご判断ください。
◆〈 時 間 〉につきましては、目安とお考えください。
◆解答右端の［○年度］は、問題の出題年度です。［2021年度］は、「2020年の秋から冬にかけて行われた2021年度入学志望者向けの考査で出題された問題」という意味です。
◆学習のポイントは、指導の際にご参考にしてください。
◆【おすすめ問題集】は各問題の基礎力養成や実力アップにご使用ください。

〈本書ご使用にあたっての注意点〉

◆文中に **この問題の絵は縦に使用してください。** と記載してある問題の絵は縦にしてお使いください。
◆文中に **この問題の絵はありません。** と記載してある問題には絵の頁がありませんので、ご注意ください。なお、問題の絵の右上にある番号が連番でなくても、中央下の頁番号が連番の場合は落丁ではありません。
下記一覧表の●が付いている問題は絵がありません。

問題１	問題２	問題３	問題４	問題５	問題６	問題７	問題８	問題９	問題10
							●		●
問題11	問題12	問題13	問題14	問題15	問題16	問題17	問題18	問題19	問題20
							●		●
問題21	問題22	問題23	問題24	問題25	問題26	問題27	問題28	問題29	問題30

「大阪教育大学附属平野小学校」について

＜合格のためのアドバイス＞

本校は、大阪教育大学に３校ある附属小学校の中で唯一附属幼稚園があり、内部進学の関係上、ほかの２校に比べ、募集人数が少なくなっています。

教育目標として「ひとりで考え、ひとと考え、最後までやり抜く子」を掲げており、自発的に学習に取り組む主体性、友だちと支え合い高め合える協調性、創造的で粘り強い追究心を育てることを目指しています。

2021年度の入学選考は、２日間に渡って行われ、ペーパーテスト、巧緻性テスト、行動観察、面接が行われました。

１日目のペーパーテストでは、記憶・常識・図形・巧緻性テストなどが出題されました。それぞれの問題は難しくないので、基礎をしっかり固めていれば難なく解ける問題です。そのため、どの志願者も正解率が高くなってくるでしょうから、ケアレスミスがないようにしっかりと対策を取っておきましょう。

２日目には面接、行動観察が行われました。保護者、志願者いっしょに入室しますが、名前を言った後は、同教室の別々の場所で面接を受ける形式です。保護者には、学校をよりよいものにするための意見を求める質問があり、志願者には、先生とゲームをするほか、いくつか質問がされました。また、行動観察はさまざまな課題が出されています。音楽リズム（「ピクニック」を歌う）、運動（なわとびを跳ぶ）のようなこの年齢なら対策を取る必要のないやさしい課題などです。

試験全体を通して、指示を聞く力、思考力、自分の考えを発信する表現力がポイントと言えます。与えられた指示に的確に答えていく力が必要となります。対策としては、日常生活の中で、何か指示を出す際に１度に複数の指示を出す、１度しか言わない、復唱させるなどして、「聞く力」を高めましょう。また、お子さまが日々発する「どうして」を大切にし、お子さまが自分で考え、自分の言葉で伝えるよう指導していきましょう。

〈2021年度選考〉

◆ペーパーテスト
◆巧緻性
◆行動観察（集団）
◆面接（保護者・志願者）
◆口頭試問（志願者）

◇過去の応募状況

2021年度 男女129名
2020年度 男子57名 女子58名
2019年度 男女139名

入試のチェックポイント

◇受験番号は…「当日抽選」
◇生まれ月の考慮…「なし」

〈本書掲載分以外の過去問題〉

◆運動：なわとびを跳んでください。
◆運動：かごにめがけて玉を投げてください。
◆行動観察：ピクニックを足踏みをしながら歌ってください。
◆行動観察：折り紙を筒状にして、タワーを作ってください。
◆行動観察：模造紙に好きな絵を描いてください。

目指せ！合格！

家庭学習ガイド
大阪教育大学附属平野小学校

運　動　ペーパー　巧緻性　口頭試問　行動観察　保護者面接

入試情報

応募者数：男女　129名
出題形式：ペーパー、ノンペーパー、個別テスト
面　　接：志願者・保護者面接
出題領域：ペーパー（記憶、常識、図形など）、巧緻性、口頭試問（個別）、
行動観察（集団、音楽）

入試対策

当校の入試はペーパーテスト＋巧緻性テスト＋行動観察＋口頭試問という形式で行われます。ペーパーテストでは特に難易度が高い出題はなく、頻出分野である「記憶」「常識」「図形」をはじめとする各分野の基礎的な学力を身に付けておけば、充分対応できるでしょう。ただし、ペーパーテストや巧緻性テスト、口頭試問など、ジャンルの違う課題が、１つのお話をから出題されるという変わった形式なので実際の問題を解き、慣れておいた方おいてください。また、筆記用具も１つのカゴから指示された道具を取り出して使い、問題ごとに取り替えます。こちらもかなり独特ですが、模擬試験のようにその形式で経験しておけば、たいていのお子さまはあわてないようです。

●巧緻性テストは「線なぞり」と「塗る」課題が出題されました。ここ数年の出題内容は一定ではありませんが、「切る」「貼る」「塗る」「折る」といった基本的な作業が中心です。

●面接（志願者には口頭試問）は、志願者・保護者が同じ教室で別々に行われます。保護者には「進学について特別な指導をしないことを知っているか」「交通マナーについての家庭ではどのような指導をしているか」などの質問や、学校をよりよくするための意見を求める質問がありました。こうした質問に「特にない」と答えるとよい印象がよくないので、準備をして何かしら答えられるようにしてください。

●説明会（□有　□無）〈開催日〉＿＿月＿＿日〈時間〉＿＿時＿＿分＿＿～＿＿時＿＿分

〈上履き〉　□要　□不要　〈願書配布〉　□有　□無　〈校舎見学〉　□有　□無

〈ご感想〉

●参加された学校行事（複数回答可）

公開授業〈開催日〉＿＿月＿＿日〈時間〉＿＿時＿＿分＿＿～＿＿時＿＿分

運動会など〈開催日〉＿＿月＿＿日〈時間〉＿＿時＿＿分＿＿～＿＿時＿＿分

学習発表会・音楽会など〈開催日〉＿＿月＿＿日〈時間〉＿＿時＿＿分＿＿～＿＿時＿＿分

〈ご感想〉

※是非参加したほうがよいと感じた行事について

●受験を終えてのご感想、今後受験される方へのアドバイス

※対策学習（重点的に学習しておいた方がよい分野）、当日準備しておいたほうがよい物など

＊＊＊＊＊＊＊＊＊＊＊＊＊　ご記入ありがとうございました　＊＊＊＊＊＊＊＊＊＊＊＊＊

必要事項をご記入の上、ポストにご投函ください。

なお、本アンケートの送付期限は入試終了後３ヶ月とさせていただきます。また、入試に関する情報の記入量が当社の基準に満たない場合、謝礼の送付ができないことがございます。あらかじめご了承ください。

ご住所：〒＿＿＿＿＿＿＿＿＿＿＿＿＿＿＿＿＿＿＿＿

お名前：＿＿＿＿＿＿＿＿＿＿＿＿　メール：＿＿＿＿＿＿＿＿＿＿＿＿

ＴＥＬ：＿＿＿＿＿＿＿＿＿＿＿＿　ＦＡＸ：＿＿＿＿＿＿＿＿＿＿＿＿

ご記入頂いた個人に関する情報は、当社にて厳重に管理致します。弊社の個人情報取り扱いに関する詳細は、www.nichigaku.jp/policy.php の「個人情報の取り扱い」をご覧下さい。

●制作　（例）ぬり絵・お絵かき・工作遊びなど

〈実施日〉＿＿月＿＿日　〈時間〉＿＿時＿＿分　～　＿＿時＿＿分

〈出題方法〉　□肉声　□録音　□その他（　　　　　　）　〈お手本〉□有　□無

〈試験形態〉　□個別　□集団（　　　　人程度）

材料・道具	制作内容
□ハサミ □のり（□つぼ　□液体　□スティック） □セロハンテープ □鉛筆　□クレヨン（　色） □クーピーペン（　色） □サインペン（　色）□ □画用紙（□ A4　□ B4　□ A3 □その他：　　　　　　） □折り紙　□新聞紙　□粘土 □その他（　　　　　　）	□切る　□貼る　□塗る　□ちぎる　□結ぶ　□描く　□その他（　　　　　　） タイトル：＿＿＿＿＿＿＿＿＿＿

●面接

〈実施日〉＿＿月＿＿日　〈時間〉＿＿時＿＿分　～　＿＿時＿＿分　〈面接担当者〉＿＿＿名

〈試験形態〉□志願者のみ（　　）名　□保護者のみ　□親子同時　□親子別々

〈質問内容〉

※試験会場の様子をご記入下さい。

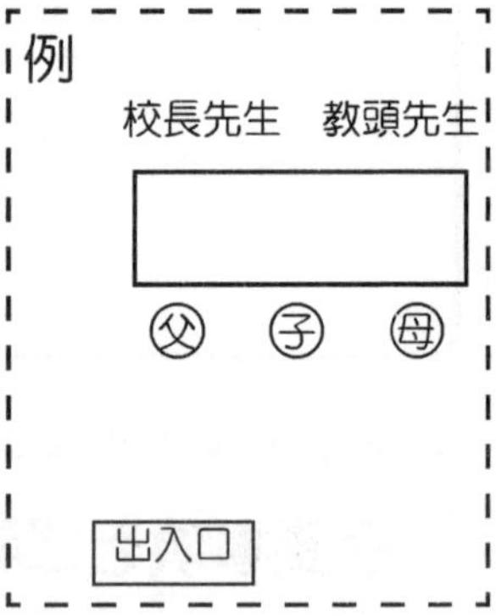

□志望動機　□お子さまの様子

□家庭の教育方針

□志望校についての知識・理解

□その他（　　　　　　　　　　）

（　詳　細　）

・

・

・

・

●保護者作文・アンケートの提出（有・無）

〈提出日〉　□面接直前　□出願時　□志願者考査中　□その他（　　　　　　　）

〈下書き〉　□有　□無

〈アンケート内容〉

（記入例）当校を志望した理由はなんですか（150 字）

●知能テスト・口頭試問

〈実施日〉 ＿＿月＿＿日 **〈時間〉** ＿＿時＿＿分 ～ ＿＿時＿＿分 **〈お手本〉**□有 □無

〈出題方法〉 □肉声 □録音 □その他（　　　　　） **〈問題数〉** ＿＿枚 ＿＿問

分野	方法	内　　容	詳　細・イ　ラ　ス　ト
(例) お話の記憶	☑筆記 □口頭	動物たちが待ち合わせをする話	(あらすじ) 動物たちが待ち合わせをした。最初にウサギさんが来た。次にイヌくんが、その次にネコさんが来た。最後にタヌキくんが来た。 (問題・イラスト) ３番目に来た動物は誰か 
お話の記憶	□筆記 □口頭		(あらすじ) (問題・イラスト)
図形	□筆記 □口頭		
言語	□筆記 □口頭		
常識	□筆記 □口頭		
数量	□筆記 □口頭		
推理	□筆記 □口頭		
その他	□筆記 □口頭		

図書カード 1000 円分プレゼント

ご記入日 令和　　年　　月　　日

☆国・私立小学校受験アンケート☆

※可能な範囲でご記入下さい。選択肢は○で囲んで下さい。

〈小学校名〉＿＿＿＿＿＿＿＿　〈お子さまの性別〉男・女　〈誕生月〉＿＿月

〈その他の受験校〉（複数回答可）＿＿＿＿＿＿＿＿

〈受験日〉①：＿＿月＿＿日〈時間〉＿＿時＿＿分 ～ ＿＿時＿＿分

②：＿＿月＿＿日〈時間〉＿＿時＿＿分 ～ ＿＿時＿＿分

〈受験者数〉男女計＿＿名（男子＿＿名　女子＿＿名）

〈お子さまの服装〉＿＿＿＿＿＿＿＿

〈入試全体の流れ〉（記入例）準備体操→行動観察→ペーパーテスト

＿＿＿＿＿＿＿＿

Eメールによる情報提供

日本学習図書では、Eメールでも入試情報を募集しております。
下記のアドレスに、アンケートの内容をご入力の上、メールをお送り下さい。

ojuken@nichigaku.jp

●行動観察　（例）好きなおもちゃで遊ぶ・グループで協力するゲームなど

〈実施日〉＿＿月＿＿日〈時間〉＿＿時＿＿分 ～ ＿＿時＿＿分〈着替え〉□有 □無

〈出題方法〉□肉声 □録音 □その他（　　　　　）〈お手本〉□有 □無

〈試験形態〉□個別 □集団（　　人程度）

〈会場図〉

〈内容〉

□自由遊び

＿＿＿＿＿＿＿＿

□グループ活動

＿＿＿＿＿＿＿＿

□その他

＿＿＿＿＿＿＿＿

●運動テスト（有・無）　（例）跳び箱・チームでの競争など

〈実施日〉＿＿月＿＿日〈時間〉＿＿時＿＿分 ～ ＿＿時＿＿分〈着替え〉□有 □無

〈出題方法〉□肉声 □録音 □その他（　　　　　）〈お手本〉□有 □無

〈試験形態〉□個別 □集団（　　人程度）

〈会場図〉

〈内容〉

□サーキット運動

□走り □跳び箱 □平均台 □ゴム跳び

□マット運動 □ボール運動 □なわ跳び

□クマ歩き

□グループ活動＿＿＿＿＿＿＿＿

□その他＿＿＿＿＿＿＿＿

◆◆ニチガクのおすすめ問題集◆◆

より充実した家庭学習を目指し、ニチガクではさまざまな問題集をとりそろえております!!

サクセスウォッチャーズ（全18巻）

①〜⑱
本体各￥2,200＋税

全9分野を「基礎必修編」「実力アップ編」の2巻でカバーした、合計18冊。

各巻80問と豊富な問題数に加え、他の問題集では掲載していない詳しいアドバイスが、お子さまを指導する際に役立ちます。

各ページが、すぐに使えるミシン目付き。本番を意識したドリルワークが可能です。

ジュニアウォッチャー（既刊60巻）

①〜60（以下続刊）
本体各￥1,500＋税

入試出題頻度の高い9分野を、さらに60の項目にまで細分化。基礎学習に最適のシリーズ。

苦手分野におけるつまずきを、効率よく克服するための60冊です。

ポイントが絞られているため、無駄なく高い効果を得られます。

国立・私立NEWウォッチャーズ

言語／理科／図形／記憶
常識／数量／推理
本体各￥2,000＋税

シリーズ累計発行部数40万部以上を誇る大ベストセラー「ウォッチャーズシリーズ」の趣旨を引き継ぐ新シリーズ!!

実際に出題された過去問の「類題」を32問掲載。全問に「解答のポイント」付きだから家庭学習に最適です。「ミシン目」付き切り離し可能なプリント学習タイプ！

実践 ゆびさきトレーニング①・②・③

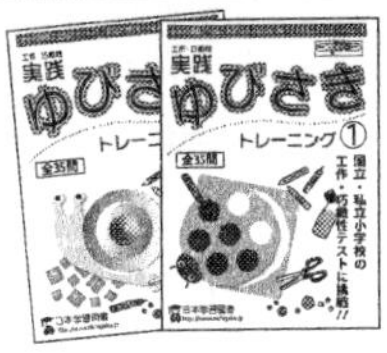

本体各￥2,500＋税

制作問題に特化した一冊。有名校が実際に出題した類似問題を35問掲載。

様々な道具の扱い（はさみ・のり・セロハンテープの使い方）から、手先・指先の訓練（ちぎる・貼る・塗る・切る・結ぶ）、また、表現することの楽しさも経験できる問題集です。

お話の記憶・読み聞かせ

［お話の記憶問題集］
中級／上級編
本体各￥2,000＋税

初級／過去類似編／ベスト30
本体各￥2,600＋税

1話5分の読み聞かせお話集①・②、入試実践編①
本体各￥1,800＋税

あらゆる学習に不可欠な、語彙力・集中力・記憶力・理解力・想像力を養うと言われているのが「お話の記憶」分野の問題。問題集は全問アドバイス付き。

分野別 苦手克服シリーズ（全6巻）

図形／数量／言語／
常識／記憶／推理
本体各￥2,000＋税

数量・図形・言語・常識・記憶の6分野。アンケートに基づいて、多くのお子さまがつまづきやすい苦手問題を、それぞれ40問掲載しました。

全問アドバイス付きですので、ご家庭において、そのつまづきを解消するためのプロセスも理解できます。

運動テスト・ノンペーパーテスト問題集

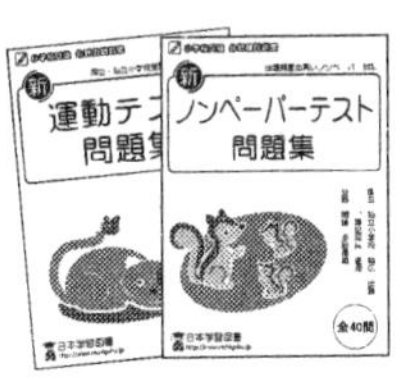

新 運動テスト問題集
本体￥2,200＋税

新 ノンペーパーテスト問題集
本体￥2,600＋税

ノンペーパーテストは国立・私立小学校で幅広く出題される、筆記用具を使用しない分野の問題を全40問掲載。

運動テスト問題集は運動分野に特化した問題集です。指示の理解や、ルールを守る訓練など、ポイントを押さえた学習に最適。全35問掲載。

口頭試問・面接テスト問題集

新 口頭試問・個別テスト問題集
本体￥2,500＋税

面接テスト問題集
本体￥2,000＋税

口頭試問は、主に個別テストとして口頭で出題解答を行うテスト形式。面接は、主に「考え」やふだんの「あり方」をたずねられるものです。

口頭で答える点は同じですが、内容は大きく異なります。想定する質問内容や答え方の幅を広げるために、どちらも手にとっていただきたい問題集です。

小学校受験 厳選難問集 ①・②

本体各￥2,600＋税

実際に出題された入試問題の中から、難易度の高い問題をピックアップし、アレンジした問題集。応用問題への挑戦は、基礎の理解度を測るだけでなく、お子さまの達成感・知的好奇心を触発します。

①は数量・図形・推理・言語、②は位置・常識・比較・記憶分野の難問を掲載。それぞれ40問。

国立小学校 対策問題集

国立小学校入試問題A・B・C（全3巻）本体各￥3,282＋税

新 国立小学校直前集中講座
本体￥3,000＋税

国立小学校頻出の問題を厳選。細かな指導方法やアドバイスが掲載してあり、効率的な学習が進められます。「総集編」は難易度別にA〜Cの3冊。付録のレーダーチャートにより得意・不得意を認識でき、国立小学校受験対策に最適です。入試直前の対策には「新 直前集中講座」！

おうちでチャレンジ ①・②

本体各￥1,800＋税

関西最大級の模擬試験である小学校受験標準テストのペーパー問題を編集した実力養成に最適な問題集。延べ受験者数10,000人以上のデータを分析しお子さまの習熟度・到達度を一目で判別。

保護者必読の特別アドバイス収録！

Q&Aシリーズ

『小学校受験で知っておくべき125のこと』
『小学校受験に関する 保護者の悩みQ&A』
『新 小学校受験の入試面接Q&A』
『新 小学校受験 願書・アンケート文例集500』
本体各￥2,600＋税
『小学校受験のための
願書の書き方から面接まで』
本体￥2,500＋税

「知りたい！」「聞きたい！」「こんな時どうすれば…？」そんな疑問や悩みにお答えする、オススメの人気シリーズです。

書籍についてのご注文・お問い合わせ
☎ 03-5261-8951

http://www.nichigaku.jp
※ご注文方法、書籍についての詳細は、Webサイトをご覧ください。

日本学習図書　検索

分野別 小学入試練習帳 ジュニアウォッチャー

1．点・線図形	小学校入試で出題頻度の高い『点・線図形』の模写を、難易度の低いものから段階別に幅広く練習することができるように構成。
2．座標	図形の位置模写という作業を、難易度の低いものから段階別に練習できるように構成。
3．パズル	様々なパズルの問題を難易度の低いものから段階別に練習できるように構成。
4．同図形探し	小学校入試で出題頻度の高い、同図形選びの問題を繰り返し練習できるように構成。
5．回転・展開	図形などを回転、または展開したとき、形がどのように変化するかを学習し、理解を深められるように構成。
6．系列	数、図形などの様々な系列問題を、難易度の低いものから段階別に練習できるように構成。
7．迷路	迷路の問題を繰り返し練習できるように構成。
8．対称	対称に関する問題を４つのテーマに分類し、各テーマごとに問題を段階別に練習できるように構成。
9．合成	図形の合成に関する問題を、難易度の低いものから段階別に練習できるように構成。
10. 四方からの観察	もの（立体）を様々な角度から見て、どのように見えるかを推理する問題を段階別に整理し、１つの形式で複数の問題を練習できるように構成。
11. いろいろな仲間	ものや動物、植物の共通点を見つけ、分類していく問題を中心に構成。
12. 日常生活	日常生活における様々な問題を６つのテーマに分類し、各テーマごとに一つの問題形式で複数の問題を練習できるように構成。
13. 時間の流れ	『時間』に着目し、様々なものごとは、時間が経過するとどのように変化するのかということを学習し、理解できるように構成。
14. 数える	様々なものを『数える』ことから、数の多少の判定やかけ算、わり算の基礎までを練習できるように構成。
15. 比較	比較に関する問題を５つのテーマ（数、高さ、長さ、量、重さ）に分類し、各テーマごとに問題を段階別に練習できるように構成。
16. 積み木	数える対象を積み木に限定した問題集。
17. 言葉の音遊び	言葉の音に関する問題を５つのテーマに分類し、各テーマごとに問題を段階別に練習できるように構成。
18. いろいろな言葉	表現力をより豊かにするいろいろな言葉として、擬態語や擬声語、同音異義語、反意語、数詞を取り上げた問題集。
19. お話の記憶	お話を聴いてその内容を記憶、理解し、設問に答える形式の問題集。
20. 見る記憶・聴く記憶	「見て憶える」「聴いて憶える」という『記憶』分野に特化した問題集。
21. お話作り	いくつかの絵を元にしてお話を作る練習をして、想像力を養うことができるように構成。
22. 想像画	描かれてある形や景色に好きな絵を描くことにより、想像力を養うことができるように構成。
23. 切る・貼る・塗る	小学校入試で出題頻度の高い、はさみやのりなどを用いた巧緻性の問題を繰り返し練習できるように構成。
24・絵画	小学校入試で出題頻度の高い、お絵かきやぬり絵などクレヨンやクーピーペンを用いた巧緻性の問題を繰り返し練習できるように構成。
25. 生活巧緻性	小学校入試で出題頻度の高い日常生活の様々な場面における巧緻性の問題集。
26. 文字・数字	ひらがなの清音、濁音、拗音、拗長音、促音と１～20までの数字に焦点を絞り、練習できるように構成。
27. 理科	小学校入試で出題頻度が高くなりつつある理科の問題を集めた問題集。
28. 運動	出題頻度の高い運動問題を種目別に分けて構成。
29. 行動観察	項目ごとに問題提起をし、「このような時はどうか、あるいはどう対処するのか」の観点から問いかける形式の問題集。
30. 生活習慣	学校から家庭に提起された問題と思って、一問一問絵を見ながら話し合い、考える形式の問題集。

31. 推理思考	数、量、言語、常識（含理科、一般）など、諸々のジャンルから問題を構成し、近年の小学校入試問題傾向に沿って構成。
32. ブラックボックス	箱や筒の中を通ると、どのようなお約束でどのように変化するかを推理・思考する問題集。
33. シーソー	重さの違うものをシーソーに乗せた時どちらに傾くのか、またどうすればシーソーは釣り合うのかを思考する基礎的な問題集。
34. 季節	様々な行事や植物などを季節別に分類できるように知識をつける問題集。
35. 重ね図形	小学校入試で頻繁に出題されている「図形を重ね合わせてできる形」についての問題を集めました。
36. 同数発見	様々な物を数え「同じ数」を発見し、数の多少の判断や数の認識の基礎を学べるように構成した問題集。
37. 選んで数える	数の学習の基本となる、いろいろなものの数を正しく数える学習を行う問題集。
38. たし算・ひき算１	数字を使わず、たし算とひき算の基礎を身につけるための問題集。
39. たし算・ひき算２	数字を使わず、たし算とひき算の基礎を身につけるための問題集。
40. 数を分ける	数を等しく分ける問題です。等しく分けたときに余りが出るものもあります。
41. 数の構成	ある数がどのような数で構成されているか学んでいきます。
42. 一対多の対応	一対一の対応から、一対多の対応まで、かけ算の考え方の基礎学習を行います。
43. 数のやりとり	あげたり、もらったり、数の変化をしっかりと学びます。
44. 見えない数	指定された条件から数を導き出します。
45. 図形分割	図形の分割に関する問題集。パズルや合成の分野にも通じる様々な問題を集めました。
46. 回転図形	「回転図形」に関する問題集。やさしい問題から始め、いくつかの代表的なパターンから、段階を踏んで学習できるよう編集されています。
47. 座標の移動	「マス目の指示通りに移動する問題」と「指示された数だけ移動する問題」を収録。
48. 鏡図形	鏡で左右反転させた時の見え方を考えます。平面図形から立体図形、文字、絵まで。
49. しりとり	すべての学習の基礎となる「言葉」を学ぶこと、特に「語彙」を増やすことに重点をおき、さまざまなタイプの「しりとり」問題を集めました。
50. 観覧車	観覧車やメリーゴーラウンドなどを舞台にした「回転系列」の問題集。「推理思考」分野の問題ですが、要素として「図形」や「数量」も含みます。
51. 運筆①	鉛筆の持ち方を学び、点線なぞり、お手本を見ながらの模写で、線を引く練習をします。
52. 運筆②	運筆①からさらに発展し、「欠所補完」や「迷路」などを楽しみながら、より複雑な鉛筆運びを習得することを目指します。
53. 四方からの観察 積み木編	積み木を使用した「四方からの観察」に関する問題を練習できるように構成。
54. 図形の構成	見本の図形がどのような部分によって形づくられているかを考えます。
55. 理科②	理科的知識に関する問題を集中して練習する「常識」分野の問題集。
56. マナーとルール	道路や駅、公共の場でのマナー、安全や衛生に関する常識を学べるように構成。
57. 置き換え	さまざまな具体的・抽象的事象を記号で表す「置き換え」の問題を扱います。
58. 比較②	長さ・高さ・体積・数などを数学的な知識を使わず、論理的に推測する「比較」の問題を練習できるように構成。
59. 欠所補完	線と線のつながり、欠けた絵に当てはまるものなどを求める「欠所補完」に取り組める問題集です。
60. 言葉の音（おん）	しりとり、決まった順番の音をつなげるなど、「言葉の音」に関する問題に取り組める練習問題集です。